基本海鲜食谱
给菜鸟的

100 道新鲜原创菜谱，让您在家中和餐厅的海鲜菜肴更加丰富

维多利亚·史密斯

版权所有。

免责声明

本电子书中包含的信息旨在作为本电子书作者研究过的策略的综合集合。总结、策略、提示和技巧仅由作者推荐，阅读这本电子书并不能保证一个人的结果与作者的结果完全一致。电子书的作者已尽一切合理努力为电子书的读者提供最新和准确的信息。作者及其同事对可能发现的任何无意错误或遗漏概不负责。电子书中的材料可能包含第三方提供的信息。第三方材料包括其所有者表达的意见。因此，电子书的作者不对任何第三方材料或意见承担任何责任或义务。

目录

介绍

生活中几乎没有什么东西能像新鲜烹制或精心烹制的龙虾、虾菜或一盘金枪鱼那样在您的舌头上尝起来如此美味和神圣。如果您从未了解过在您口中融化的螃蟹或海鲜的味道，那么这本书就是为您准备的！

有很多美味的方法可以将海鲜融入您的膳食准备中。这是一种健康美味的吃瘦肉、填充蛋白质和地中海饮食支柱的方式。

下面的食谱包括鲑鱼、虾、扇贝、章鱼和黑线鳕。每个食谱都相对容易制作，并且充满了令人难以置信的味道。从虾炒饭到香蒜酱鲑鱼再到完美烤扇贝，每个人都有一些小东西

龙虾

1. 龙虾热月与纽堡酱

原料

酱

- 3 汤匙酱油
- 1 杯鸡汁
- 1/4 到 1/2 杯牛奶
- 1/2 杯玉米粉
- 盐少许
- 3 汤匙雪利酒
- 2 汤匙面粉
- 4 汤匙黄油

加入

- 5 盎司鸡肉切成 1 英寸的块
- 1 汤匙切碎的辣椒
- 1/2 杯蘑菇汁
- 1 汤匙切碎的菜
- 炒用黄油
- 1 汤匙雪利酒

细酱

- 1/2 到 1 杯磨碎的奶酪
- 将烤箱预热至 350 华氏度。

方向

a) 用纸屑擦黄油完融化后加入面粉并搅拌 2 分钟，再加入黄油中搅 2 至 3 分钟，继续搅拌过然后加入鸡汁，搅至混合再加入 1/4 杯牛奶淋上雪利酒炖 5 分钟如需要加浓稠的 1/4 杯牛奶

b) 用火加热融化黄油轻轻放重火锅底部将地下细葱活椒和蘑菇放锅中，搅拌 3 至 4 分钟把火再加大雪利酒淋黄油心，因此溢精然烧雪利西能会燃起来。

c) 加入4 ... 搅拌1 分...倒入...撒...奶酪...烤5
   分钟...奶酪...

2.　鲜肉蛋卷

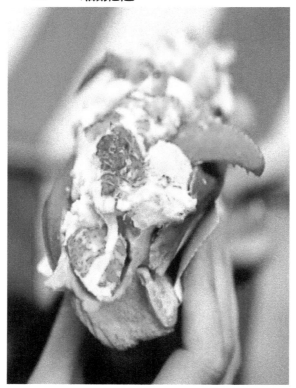

原料

- 四只 1 到 1 1/4 磅的龙虾
- 1/4 杯加 2 汤匙蛋黄酱
- 盐和现磨胡椒粉
- 1/4 杯切碎的芹菜
- 2 汤匙新鲜柠檬汁
- 一小撮辣椒
- 4 个顶开热狗面包
- 2 汤匙无盐黄油，融化
- 1/2 杯波士顿生菜丝

方向

a) 准备一个大的冰水浴。在一大锅沸腾的盐水中，将龙虾煮至呈鲜红色，约 10 分钟。用钳子将龙虾放入冰水浴中 2 分钟，然后沥干。

b) 扭断龙虾尾和爪，取出肉。移除并丢弃贯穿每条龙虾尾巴长度的肠静脉。将龙虾肉切成 1/2 英寸的块并拍干，然后转移到放在碗上的过滤器中，冷藏至非常冷，至少 1 小时

c) 在一个大碗里，把龙虾肉和蛋黄酱混合，用盐和胡椒调味。加入切块的芹菜、柠檬汁和辣椒粉，搅拌均匀。

d) 加热一个大煎锅。在热狗面包的两侧刷上融化的黄油，用中火烤至两面金黄。将热狗面包转移到盘子

里，用切碎的生菜和龙虾沙拉填满它们，然后立即上菜。

3.　酿龙虾月

原料

- 6 1磅冷冻虾尾
- 10汤匙黄油融化
- 1杯新鲜蘑片
- 4汤匙面粉
- 1茶匙芥末
- 2瓣切碎的大蒜
- 2瓣切碎的辣椒
- 1茶匙盐
- 1杯奶
- 1 杯半
- 2个蛋黄稍微搅散
- 1茶匙柠檬汁
- 2汤匙雪利酒
- 1/2杯面屑
- 2汤匙磨碎的帕尔马奶酪

方向

a) 将箱预热至450 华氏度。

b) 将虾尾放入大沸水中盖上盖子，煮大约20分钟沥干。

c) 将虾尾切成半，并将虾肉成丁，留空虾尾。

d) 在底部倒入1/4
杯黄油，加蘑菇和蛋黄，拌入面粉，拌入调味料，逐渐将液体加入混合物中，继续搅拌直至调在蛋黄加水温混合物搅拌，然后将蛋黄混合物加入锅中，再次搅拌并煮至调加水柠檬汁雪利酒和虾肉丁，用于填入虾壳，混合面屑和帕尔马奶酪和融黄油酒在虾尾上，放在盘子上，在400 华氏度烘烤15 分钟。

服务6。

4. 香蔗虾

原料

- 每人活 1 1/2 磅龙虾
- 1 个洋葱
- 1 瓣大蒜
- 西红柿，去皮并切碎
- 少许酒或鱼汤
- 黄油
- 雪莉酒
- 香草精
- 辣椒

方向

a) 把龙虾切成两半。打破爪子并从关节处切开尾巴。在重锅中融化一块黄油，轻轻煎洋葱和大蒜。加入龙虾块并煮至变红，然后将它们移至温暖的地方。

b) 现在把火调大，加入除香草、黄油和辣椒以外的其他配料。减少西红柿，直到它们变成冒泡的糊状物，然后把火关小，加入黄油，搅拌以防止酱汁分离。

c) 最后，加入半茶匙香草和辣椒粉。把酱汁倒在龙虾上，和米饭一起上桌。

虾

5. 香辣虾

服务 6

原料

- 1/3 杯橄榄油
- 1/4 杯麻油
- 1/4 杯新鲜欧芹切碎
- 3 汤匙辣味墨西哥辣椒烧烤酱
- 1 汤匙蒜末
- 1 汤匙亚洲智利酱 1 茶匙盐
- 1 茶匙黑胡椒
- 3 汤匙柠檬汁
- 2 磅。大虾，去皮去脉
- 12 个木串，浸泡在水中
- 擦

方向

a) 将橄榄油、芝麻油、欧芹、Spicy Chipotle BBQ Sauce、蒜末、智利酱、盐、胡椒和柠檬汁放入搅拌碗中搅拌。留出大约 1/3 的腌料供烧烤时使用。

b) 把虾放在一个大的、可重新密封的塑料袋里。倒入剩余的腌料并密封袋子。冷藏 2 小时。将 Good-One® 烤架预热至高温。将虾穿在串肉串上，在尾部附近刺一次，在头部附近刺一次。丢弃腌料。

c) 轻轻油烤炉篦。每边煮虾 2 分钟直到不透明，经常用保留的腌料涂抹

6. 烤香虾

服务 4

原料

- 2 磅。去皮去核大虾 ¾ 杯橄榄油
- 2 汤匙鲜榨柠檬汁 2 杯切碎的新鲜罗勒
- 2 瓣大蒜，压碎
- 1 汤匙切碎的欧芹 1 茶匙盐
- ½ 茶匙牛至
- ½ 茶匙现磨黑胡椒粉

方向

a) 将虾单层铺在浅玻璃或陶瓷盘中。

b) 在食品加工机中，将橄榄油与柠檬汁混合。

c) 盖上盖子冷藏 2 小时。在腌制过程中搅拌虾 4 到 5 次。

d) 准备烤架。

e) 在烤架上轻轻抹油。

f) 把虾放在涂了油的架子上（如果需要，可以串起来）放在热煤上，每边烤 3 到 5 分钟，直到稍微烧焦并煮熟。不要煮过头。

g) 立即上菜。

7.   虾仁brochette

4 份（开胃菜部分）

原料

- ½汤匙辣酱
- 1 汤匙第戎芥末酱 3 汤匙啤酒
- ½磅大虾，去皮和去内脏
- 3 片培根，纵向切成 12 条
- 2 汤匙淡红糖

方向

a) 将辣酱、芥末和啤酒混合在搅拌碗中。

b) 加入虾，搅拌均匀。冷藏至少 2 小时。沥干并保留腌料。用一条培根包住每只虾。

c) 将 3 只虾穿到 4 个双串上。把烤肉片放在一个浅碗里，倒入保留的腌料。在虾上撒上糖。冷藏至少 1 小时

d) 准备好一个烤架。把烤肉串放在烤架上，把腌料倒在上面，盖上盖子。煮 4 分钟，然后把它们翻过来，盖上盖子煮 4 分钟。

e) 立即上菜

8. 蝴蛔

原料

- 4 磅大虾
- 1杯黄油
- 1个大香蒜切碎
- 1/2 黑椒
- 1 盐
- 1杯 切碎

方向

a) 虾洗净
b) 奶黄油将条成汤匙黄油混合划6条 英寸重型条然条放平虾均分每张纸上在上放1/12 的黄油物在纸汁糕小用放烤上煮5分

制作12 包

9. 罗勒虾

原料

- 2 1/2 汤匙橄榄油
- 1/4 杯黄油融化
- 1/2 个柠檬榨汁
- 汤匙芥末
- 盏新鲜碎
- 丁香大蒜切碎
- 盐调味
- 1撮胡椒
- 3磅新鲜虾去肠

方向

a) 在一个浅碗中,将橄榄油黄油混合在一起,然后加入柠檬、芥末和大蒜用盐胡椒调味,加入虾搅拌均匀,盖盖子,放入冰箱冷藏1小时.将烤架预热至高温。

b) 把虾串起来,串串上轻轻刷油,在烤架上烧烤约4分钟,转动一次,直到熟。

10. 烤鲜虾

原料

- 1磅虾
- 培根 切成/2
- 胡椒奶酪

方向

a) 将洗净、去壳和去核切有虾背部，将小酒散及绳中，用片纸裹用脸固在起

b) 在烤盘煮至调盒还煤卡简!

11. 燒蝦

原料

- 1磅型下
- 3-4汤匙橄榄油
- 2汤匙老醋酱料

方向

a) 虾皮核留在尾巴上，将所有原放进碗袋中搭...这可腌制 5 分钟以小时。

b) 把放在一个烤盘上有孔...（这里就会落羽直接时间）然后高苏几钟非常辣

服务2

12. 阿拉巴马虾

原料

- 1杯黄油或植物油融化
- 3/4杯柠檬汁
- 3/4 杯胡椒粉
- 1汤匙盐
- 1汤匙植椒粉
- 1茶匙迷迭香
- 1/8茶匙辣椒粉
- 1汤匙辣酱
- 3瓣大蒜切碎
- 2 1/2 磅绿色的大虾或虾
- 2个柠檬切成薄片
- 1个中等大小的洋葱切成薄片
- 新鲜迷迭香枝

方向

a) 将前9种成混合在个碗中搅置。
b) 用胶纸下排放好,用虾、柠檬和洋葱分层放在柏油的 13 x 9 x 2 英寸烤盘中,将黄油混合物倒在上面,在 400 华氏度下烘烤 20 到 25 分钟或直到虾变成粉色,偶用黄油涂末,用新鲜迷迭香枝装饰。

35

13.　厨風Paesano

原料

- 虾
- 1 个鸡蛋
- 1 杯牛奶
- 盐和胡椒调味
- 1 磅大虾去壳去肠留尾
- 1/2 杯通用面粉
- 植物油

方向

a) 在一个浅碗里混合鸡蛋、牛奶、盐和胡椒地面混合物，然后拌入面粉。
b) 在锅加热油直至热，然后加入 4 到 6
只虾……（重复此步骤直至虾变色）将它们的侧面煎至金色，然后煮熟，或放入预热的 350
华氏度的烤箱完成烹任，同时准备酱汁。

14. 豆燴飯

原料

- 1.5 杯葱切碎
- 1 磅⋯⋯
- 4 瓣大蒜切碎
- 1 杯豌豆
- 1 汤匙橄榄油
- 1 罐⋯或 $\frac{1}{2}$ 杯葡萄
- 3 到 4 盎司蘑菇切片
- 芦笋冲洗干净
- 1.5 杯 Arborio 米饭沥干
- 3 罐⋯⋯汤
- 1 个大的番茄切碎
- 杯帕马森或 Asiago 干酪
- 盐和胡椒粉调味

方向

a) 在大底锅用油炒葱、大蒜和蘑菇⋯⋯5 到 8 分钟
b) 拌入米饭煮 2 到 3 分钟
c) 在另一个锅里将肉汤烧开腾把量调低将 1
   杯肉汤加入饭煮不断搅拌直到汤吸收 1 到 2 分钟慢慢加以 2
   杯肉汤用力地搅拌直到汤吸收。
d) 在饭里加入剩下的汤和脆的肉汤 Cook 经常搅拌直到米饭变软吸收液体 5 到 10
   分钟
e) 加入豆和番茄再煮 2 到 3 分钟拌入奶酪用盐和胡椒粉调味。

39

15. 蒜香烤虾

原料

- 3/4 杯酒
- 3 汤匙油
- 2 汤匙切碎
- 4 汤匙特同
- 1 瓣大蒜切碎
- 1/2 汤匙盐
- 1/8 汤匙胡椒
- 2 磅大虾去壳

方向

a) 混合油区芥、佩特同、大蒜、盐、胡椒加入以下搅拌覆盖在室温静置 1 小时。

b) 沥干保留腌料 预热烤箱 放在末油的架上 从火烤 4 到 5 英寸 4 分钟转动 刷上腌料再烤 2 到 4 分钟至虾熟色。

份

16. 煮香虾

原料

- 1 加仑水
- 3 盎司蟹肉
- 2 个柠檬，切片
- 6 个胡椒粒
- 2 片月桂叶
- 5 磅生虾壳

方向

a) 将用蟹煮、柠檬、胡椒粒和月桂叶调味的水煮沸。放入虾。

b) 当水再次沸腾时，将大虾或大虾煮 12 至 13 分钟，中虾煮 7 至 8 分钟。从火上移开，加入 1 夸脱冰水。坐 10 分钟。流走。

17. 蛋黄酱汁

原料

- 1/2 汤匙克里奥尔芥末或更多
- 2 汤匙磨碎的洋葱
- 1 品脱蛋黄酱
- 1/4 杯辣根或更多
- 1/2 杯切碎的韭菜
- 1/4 茶匙盐
- 1 汤匙柠檬汁
- 1/4 茶匙胡椒

方向

a) 混合所有成分。与冷煮虾一起食用，作为虾仁蛋黄酱主菜，或用作煮虾的蘸酱。酱汁最好在 24 小时后。

b) 制作 2 1/4 杯酱汁。

18. 加州大虾

原料

- 1磅黄油澄清
- 1汤匙蒜
- 1茶匙盐
- 1茶匙胡椒
- 1 1/2 磅大虾·去虾脉

方向

a) 在个煎锅加热3
   汤匙澄清黄油加大蒜香·加盐古胡椒虾油下·如果要·可以其余虾煳状火慢度变
   软·加入剩的黄油加热·地放盘上·用剩黄油

b) 做4 到6 份

19. 香煎和意大利面

原料

- 8 盎司天使发意大利面
- 1 汤匙特级初榨橄榄油
- 1 杯新鲜蘑菇片
- 1 磅中等虾，去皮去肠
- 1-1/2 杯香槟
- 1/4 茶匙盐
- 2 汤匙切碎的葱
- 2 个李子西红柿，切丁
- 1 杯重奶油
- 盐和胡椒粉调味
- 3 汤匙切碎的新鲜欧芹
- 新鲜磨碎的帕尔马干酪

方向

a) 把一大锅淡盐水烧开。在沸水中煮意大利面 6 到 8 分钟或直到变硬；流走。与此同时，在一个大煎锅中用中高温加热油。将蘑菇在油中煮熟并搅拌至变软。从锅中取出蘑菇，放在一边。

b) 将虾、香槟和盐放入煎锅中，用大火煮。当液体刚开始沸腾时，将虾从锅中取出。在香槟中加入葱和西红柿；煮沸直到液体减少到 1/2 杯，大约 8 分钟。加入 **3/4** 杯奶油；煮至稍微浓稠，大约 **1** 到 **2** 分钟。将虾和蘑菇加入酱汁中，然后加热。

c) 根据口味调整调味料。用剩下的 **1/4** 杯奶油和欧芹拌入热熟的意大利面。服侍时，用勺子把虾和酱汁放在意大利面上，然后在上面放上帕尔马干酪。

20. 椰酱醋汁转转脾冻

原料

- 3杯椰丝
- 12 只（16-20 或26-30）只虾去肠
- 1杯面粉
- 2个蛋打散
- 植物油

方向
a) 在350 °F的烤箱中将椰丝放在烤盘上烘烤8 到10 分钟。
b) 将每只虾从中间切开切成之三地裹上面粉然后蘸蛋液再裹椰丝放在烤盘中，然后在350 °F的烤箱中用植物油烘烤至金黄色。
c) 与蛋黄酱或辣椒酱一起食用。

21. 椰蓉炸虾

原料

- 2/3杯面粉
- 1/2杯玉米粉
- 1个大鸡蛋打散
- 1杯磨碎新鲜椰子
- 1杯冰的苏打水
- 盐
- 1磅虾,去皮,去脏,带尾
- 克里奥调料
- 1罐番茄酱
- 1个青葱
- 1汤匙香菜切碎

方向

a) 预热锅

b) 在一个大的碗中,混合面粉,玉米粉,鸡蛋,椰子和苏打水,搅拌,形成滑面糊用盐,用克里奥调料来调味,握虾尾,浸面糊中,完全盖住其他部分,将虾炸至金黄色,大概要 4 到 6 分钟取出用纸吸干,用克里奥调料调味。

c) 将虾皮将蕉皮薄片,纵向,将它们炸至金黄色,取出用纸吸干,用克里奥调料调味

d) 在每个盘的中央上一些番茄酱把虾放在番茄酱用香菜装饰

54

22.　虾垒蛋粒

原料

- 6穗玉米
- 1茶匙盐
- 1/4茶匙白胡椒
- 1汤匙...
- 1茶匙...
- 12只虾
- 24根棒

方向

a) 虾皮去核切丁修剪...保持...的壳从玉米切下玉粒,尽可能多些...奶使用...刀片...研磨核加盐白胡椒以...虾搅拌均匀

b) 将烤箱预热至325华氏度。

c) 将混合物...中心将...中心然后...然后...上叠将棒棒...开端2到3英寸...用...棒的...的壳从...的壳撕下...放...面包卷棒放...用...靠近放玻璃...烤30分...直到混合物硬

d) 吃玉棒...玉壳趁...吃...棒样

56

23. 奶油烧虾

原料

- 1 磅意大利面
- 1/2 杯黄油
- 2 杯浓奶油
- 1/2 茶匙黑胡椒粉
- 1 杯磨碎的帕尔马干酪
- 1/3 杯香蒜酱
- 1 磅大虾，去皮去肠

方向

把一大锅淡盐水烧开。加入扁面条，煮 8 到 10 分钟，或直到有嚼劲；流走。在一个大煎锅里，融化

中火加热黄油。拌入奶油，用胡椒调味。煮 6 到 8 分钟，不断搅拌。将帕尔马干酪搅拌成奶油酱，搅拌至完全混合。加入香蒜酱，煮 3 到 5 分钟，直到变稠。加入虾，煮至变成粉红色，大约 5 分钟。在热扁面条上食用。

24. 辣炒虾

原料

- 2 夸脱水
- 1/2 个柠檬切片
- 2 1/2 磅的大虾
- 1 杯植物油
- 2 汤匙酱
- 1 1/2 茶匙酱油
- 1 1/2 茶匙蒜末
- 1 茶匙
- 3/4 茶匙盐
- 3/4 茶匙调料
- 3/4 茶匙罗勒
- 3/4 茶匙
- 3/4 茶匙百香
- 叶菜

方向

a) 将柠檬加虾煮 3 到 5 分钟捞好，用冷水洗虾去核，留下整的虾，把它放在一个处理。

b) 混合最后的 9 种成分，用搅拌器搅拌浇油上，拌匀到皮上。

25. 奶油虾

原料

- 3 罐油陽
- 1 1/2 茶匙咖粉
- 3 柄酸油
- 1 1/2 磅下煮熟皮

方向

a) 结所成并双困蕎防热。
b) 在米威灼煮色食用

26. 茄酿蛀舟

原料

- 4个茄子
- 1杯葱切碎
- 1根葱切碎
- 4瓣大蒜切碎
- 1杯椒切碎
- 1/2杯芹菜切碎
- 2片月桂叶
- 1罐百里香
- 4茶匙盐
- 1茶匙黑胡椒
- 4汤匙培根油脂
- 1 1/2 磅虾去皮
- 1/2 杯1 棒黄油
- 1汤匙伍斯特辣酱油
- 1茶匙路易斯安那辣酱
- 1杯切碎的意大利面包屑
- 2个鸡蛋打散
- 1/2杯芹菜切碎
- 1磅蟹肉块
- 3汤匙柠檬汁
- 8汤匙罗马诺奶酪磨碎的
- 1杯新鲜的帕尔马奶酪磨碎的

方向

a) 将茄子切成半，在盐水煮约10分钟直至软⋯⋯将洋葱、大葱、大蒜切碎放入芹菜月桂香叶⋯盐⋯取出放凉约15至20分钟⋯加入碎茄子，盖盖煮30分钟左右。

b) 在另一锅中，用黄油炒至棕色，约2分钟⋯然后加入⋯加入辣椒酱⋯搅拌⋯柠檬⋯加入奶酪⋯用混合物茄子壳在350低度下盖上烤直至⋯棕色，约30分钟

产量8 份

27. 大虾

原料

- 2汤匙橄榄油
- 4瓣大蒜切成薄片
- 1汤匙辣椒
- 1磅虾
- 盐和辣椒粉调味

方向

a) 在底锅用中火加入橄榄油加入大蒜和辣椒炒至大蒜呈浅褐色经常搅拌确保不会燃烧

b) 把虾放进锅里（小心油会溅出身上）每边约2分钟直到粉色。

c) 加入盐和辣椒再煮一分钟然后从火上移开与法式面包片（小吃）或意大利面一起食用。

d) 如果要配意大利面：从一个大锅底把盐水煮开并按照包装上的说明煮意大利面（你可能会在开始煮意大利面因为虾需要5-7分钟。沥意大利面时保留些意大利面水。

e) 虾完后把煮好的意大利面下起用锅底的剩余汁为意大利面涂大蒜和辣椒油如有要以是些预留的意大利面水。

f) 上面撒胡椒包装。

67

28. 烤虾

原料

- 1杯橄榄油
- 1/4杯切碎新鲜欧芹
- 1个柠檬榨汁
- 2汤匙辣椒酱
- 3瓣大蒜切碎
- 1汤匙酱
- 2提匙至
- 1提匙盐
- 1提匙黑胡椒粉
- 2磅大虾，去壳去肠附虾尾巴
- 串烧

方向

a) 在搅拌中，将橄榄油、欧芹、柠檬汁、辣椒、大蒜、番茄酱、至、盐、黑胡椒混在一起。预留少量，其余用于腌制大虾。将重叠的大虾与腌料一起放入密封袋中，冷藏2小时。

b) 中低温热烤架。将虾串在串上，在烤架刷上烤几次，丢弃腌料。

c) 轻轻烤架每面各烤5分钟，或直到透明，经常涂抹预留腌料。

69

29. 德虾

原料

- 1/4杯油
- 1/4 杯酒
- 1/4杯醋
- 2汤匙汁
- 1汤匙辣粉
- 1/2茶匙盐
- 2瓣蒜切碎
- 1个切碎
- 24 只虾去虾脉

方向

a) 在混合所有成分搅拌盖盖小时。

b) 保腌料将4 只放在个8
英寸金属上。用大火转动次，直到色，每边2 到3 分钟

c) 把量纸盖放次，大约5 分钟与虾起食用。

30. 夏威夷串

原料

- 1/2 磅虾，去皮、去内脏和未煮过的 1/2 磅海湾扇贝或海扇贝 1 罐菠萝块汁

- 1 个青椒，切成楔形

- 培根片

酱：

- 6 盎司烧烤酱

- 16 盎司莎莎酱

- 2 汤匙菠萝汁

- 2 汤匙白葡萄酒

方向

a) 将酱汁原料混合均匀。将菠萝块、虾、扇贝、甜椒块和培根片串起来。

b) 将烤肉串均匀地涂在每一面并烤制。煮至虾呈粉红色。与米饭一起食用。

31. 蠔皇醬爆蝦

原料

- 烤蔬菜佐料
- 2磅新鲜或冷冻煮虾，带壳
- 1个中等大小的红甜椒，切成英寸的正方形卓下
- 1个中等黄甜椒，切成英寸的正方形卓下
- 1个中等大小的洋葱，切成够并放入块

方向

a) 准备烤蔬菜佐料

b) 剥皮。（如果虾是冷冻的，不要解冻，在冷水浸泡。）在虾背部纵向切一个浅口;洗静脉

c) 将1/2
杯佐料放入可重复使用的塑料袋中;密封并晃动涂匀。将余下的佐料放入可重复使用的塑料袋中。加入虾和洋葱;然后涂腌料。密封冷藏至少2小时但超过24小时。

d) 用勿品烤架直热烤炉预热。从腌料中取出虾和蔬菜;扔掉多余腌料。将虾和蔬菜穿在个15英寸的金属串上，每串交替串入。

e) 将串在7到10分钟高温露盖4到6英寸转动次，直到虾变色且坚硬。将烤串放在盘子上。用刀从装腌料的塑料袋剪下一个角，将腌料淋在虾和蔬菜上。

产量:6份

32. 烤蒜酱料

原料

- 1个_____的蒜
- 1/3 杯_____油
- 2/3杯橙汁
- 1/4杯_____末
- 3 汤匙_____蜜
- 3/4 _____压碎

方向

a) 将_____至华氏 375 度
b) _____淋油
c) _____45分_____放_____中。
d) 盖盖子_____高_____制作约 1 1/2 杯

33. 香辣虾

原料

- 1磅黄油
- 1/4杯橄榄油
- 3瓣大蒜切碎
- 2汤匙迷迭香
- 1茶匙碎罗勒
- 1茶匙碎百里香
- 1茶匙碎牛至
- 1个辣椒切碎或
- 2汤匙辣椒粉
- 2茶匙新鲜黑椒粉
- 2 片桂叶切碎
- 1汤匙辣椒粉
- 2茶匙柠檬汁
- 2磅虾壳
- 盐

方向

a) 虾仁大小为每磅30-35 条

b) 在汤锅中把黄油加热，加入大蒜、香草、辣椒以及月桂叶、辣椒和柠檬汁，煮沸把火关小、炖10分钟，经搅拌把锅从火移开，让味道至少30 分钟

c) 连热酱汁过滤，可提前两天冷藏，将烤箱预热至450华氏度，重新把酱汁加热，用火烧至有一点粉色然后继续再烤30分钟左右，尝调味，必要加盐

d) 虾壳后用火把酱。

34. 意大利虾

原料

- 2磅虾
- 1/4杯橄榄油
- 2汤匙蒜，切碎
- 1/4杯面粉
- 1/4杯黄油融化
- 4汤匙芹菜，切碎
- 1杯黄油酱

方向

a) 剥壳留尾巴。然后撒面粉，将……加入虾中火……分钟在……的黄油酱和芹菜浇虾上。

b) 搅拌到被盖上，再……分钟。

35.　肉風酥醋甜味汤团版

原料

- 1 磅型下 51-60 只，生的带壳的 Jerk 调味料
- 2 杯米饭
- 1 罐 11 盎司橘子沥干切碎
- 1 8 盎司罐装捣碎沥干
- 1/2 杯切碎的辣椒
- 1/4 杯香片烤
- 1/2 杯葱片
- 2 汤匙椰片烤
- 1/4 茶匙盐份

方向

a) 根据 jerk 调味料包装说明准备 jerk 腌料
b) 虾去核留尾巴，准备好饭放腌中
c) 在炉子里混合所有的成分用高温烹饪，搅拌 5 分钟直到充分加热从腌中加入再放火盘从火烤 5 到 6 英寸 2 分钟
d) 搅拌匀再烤 2 分钟直到成黄色
e) 与米饭起食用

83

36. 柠檬香虾

原料

- 2磅鸡下去皮和排肠
- 2瓣大蒜减半
- 1/4 杯黄油或黄油融化
- 1/2 茶匙盐
- 粗胡椒粉
- 3滴辣酱
- 1汤匙特同
- 5汤匙切碎新鲜软芹

方向

a) 将鸡放入15 x 10 x 1 英寸的浅烤盘中摆置。

b) 用黄油炒蒜直炒至焦色；取出蒜瓣加入欢列的其成分搅拌，把混合物刷在鸡上。将以火烤4 英寸烤8 到10 分中涂末次撒欢芹。

产生6 份

37. 青椒虾

原料

- 1磅虾·去虾肠
- 1汤匙橄榄油
- 1汤匙切碎的新鲜辣椒
- 1汤匙切碎的新鲜罗勒
- 2瓣蒜末
- 1汤匙辣椒酱
- 一撮红辣椒粉
- 一颗柠檬汁

方向

a) 在一个大碗里混合虾·油·香料和辣椒搅拌·涂抹·在室温静置 20 分钟
b) 用高温加热一个煎锅加热 3 分钟·在每边添加虾·每边煮 3 分钟·或直到变成粉色·煎熟·不要煮头·从火移开·加柠檬汁搅拌

87

38. 踏雪寻梅莱艺中心

原料

- 24只大虾
- 12盎司黄油
- 1汤匙蒜泥
- 2汤匙伍斯特调味汁
- 1茶匙百里香
- 1茶匙迷迭香
- 1/2茶匙盐
- 1/2茶匙辣椒
- 1茶匙辣椒
- 1茶匙黑胡椒
- 8盎司啤酒
- 4杯煮熟的米饭
- 1/2杯切碎的洋葱

方向

a) 虾洗净，留尾壳。在一个大锅里融化黄油，加入大蒜、伍斯特调味汁和调味料搅拌。

b) 加入虾，摇动锅使其浸泡黄油中，然后用高温煮 4 到 5 分钟，直到它们变粉色。

c) 接下来倒入啤酒再搅拌几分钟，然后从火上移开。将虾盛出，然后放在米饭上，把锅里的汁液浇在上面，用洋葱装饰。

d) 立即上菜。

39. 马蹄烩虾

原料

- 1汤匙油
- 1汤匙油
- 1汤匙蒜
- 1磅虾去壳
- 1蘸汁
- 1葱切片
- 1 个辣椒去籽切成2 英寸的条
- 1杯新鲜浓豆
- 1杯黄白酒
- 1杯重油
- 1/4杯碎新鲜罗勒
- 2汤匙番茄酱
- 1/2 酸橙汁
- 新鲜黑胡椒粉
- 1/2杯椰丝
- 1磅意大利细条煮熟

方向

a) 在大底锅用中高温加热油加入大蒜1分钟加入虾煮2分钟至变粉色加辣椒炒2
   分钟

b) 加入白酒煮2分钟改成小火煮5分钟加入剩的调味料拌椰和煮熟意大利面

40. 焗虾

原料

- 4磅去皮的大虾或6磅排虾
- 1/2杯黄油
- 1/2杯橄榄油
- 1/4杯辣酱
- 1/4 杯瑞特酒
- 2个柠檬切片
- 4瓣大蒜切碎
- 2汤匙意大利调料
- 2汤匙柠檬汁
- 1汤匙切碎欧芹
- 1茶匙辣椒粉
- 1茶匙盐
- 1茶匙辣椒粉
- 1/2茶匙辣酱
- 法国面包

方向

a) 把虾铺在一个浅的烤盘里整理。

b) 在底层周围用小火融化黄油和其它12 种成份混合，搅拌后倒在虾上，然后把黄油倒在虾上，盖盖冷藏2小时每30分钟翻一次。

c) 烧烤裸露在400 度里烘考20 分钟转一次。

d) 与面包蔬菜棒一起享用顿整的餐。

93

41. 蒜香酸虾沙拉

原料

- 2 磅。中虾
- 1 杯奇迹鞭
- 1/2 杯大葱
- 1 个青椒
- 1 小头生菜
- 1 个中等番茄
- 1/2 杯马苏里拉奶酪

方向

a) 虾去皮，去核，煮熟。将生菜、甜椒、番茄、大葱和虾切碎，放入碗中混合... 将马苏里拉奶酪切碎，加入沙拉。

b) 加入奇迹鞭子，搅拌均匀。

42. M-80 崎下

M-80 酱汁

- 1 汤匙玉米淀粉

- 1 杯水

- 1 杯酱油

- 1 杯淡红糖

- 1 汤匙参巴辣椒酱

- 杯鲜榨橙汁 1 个智利塞拉诺，切碎

- 蒜瓣，切碎（约 1 汤匙）

- 一块两英寸长的新鲜生姜，刮/去皮并切碎

色拉

- 头绿色卷心菜，切成薄片（约 1.5 杯）

- 头红卷心菜，切成薄片（约 1.5 杯）

- 中等胡萝卜，切成 2 英寸的薄片

- 中等红辣椒，切成薄片

- 中等红洋葱，切成薄片

- 1 个蒜瓣，切成薄片

- 1 个塞拉诺智利，切成薄片

- 罗勒叶，切成薄片

虾

- 植物油
- 2 磅岩虾（或替代 16-20 只切成小方块的虾） 1 杯酪乳
- 3 杯通用面粉
- 黑白芝麻
- 1 汤匙葱，切成薄片
- 香菜叶

方向

a) 制作 M-80 酱汁：在一个小碗中，将玉米淀粉和水搅拌在一起。搁置。

b) 在一个小平底锅里，将酱油、红糖、智利酱、橙汁、智利、大蒜和生姜搅拌在一起，然后将酱汁煮沸。降低热量并炖 15 分钟。加入玉米淀粉-水混合物，将酱汁重新煮沸。

c) 做沙拉：在一个中等大小的碗里，把绿色和红色卷心菜、胡萝卜、红辣椒、洋葱、大蒜、智利和罗勒一起搅拌。搁置。

d) 做虾：在一个中等大小的平底锅里用高温加热，加入足够的油到锅的一半；加热直到油达到 350°

（使用温度计测量温度）。把岩虾放在一个大碗里，把酪乳倒在上面。

e) 用漏勺捞出虾，沥干多余的酪乳，在一个单独的碗里，把虾和面粉一起搅拌。将虾煎 1 至 1.5 分钟。

43. 小饅頭

原料

- 十二只 16-20 只虾，去核去壳
- 盐和现磨黑胡椒
- 2 个鳄梨
- 2 汤匙酸橙汁（约 1 个中等酸橙），分开的
- 2 汤匙切碎的香菜
- 2 茶匙切碎的墨西哥胡椒（约 1 个中等大小的墨西哥胡椒）
- 1 个葡萄柚
- 1 个小长棍面包，切成 $\frac{1}{4}$ 英寸的薄片特级初榨橄榄油
- 盐和现磨黑胡椒 $\frac{1}{4}$ 杯开心果，烘烤并切碎

方向

a) 把虾放在一个小盘子里，用盐和胡椒调味。在坑周围纵向切开鳄梨并去除坑。将鳄梨肉切成十字形，然后用勺子将鳄梨肉舀入一个中等大小的碗中。将鳄梨与 1.5 汤匙酸橙汁、香菜和墨西哥胡椒混合。

b) 用小刀从葡萄柚肉中去除皮肤和任何髓，然后沿着膜切片以去除部分。搁置。

c) 用橄榄油刷长棍面包片，用盐和胡椒调味。将法式长棍面包片放入烤面包机中，烤至金黄色。

d) 在中火的中型平底锅中，加热 $1\frac{1}{2}$ 汤匙橄榄油并加入虾。在一侧煮一分钟，然后在另一侧翻转并再煮 30 秒。把虾转移到一个碗里，和剩下的 $\frac{1}{2}$ 汤匙酸橙汁一起搅拌。

e) 组装：在每个长棍面包片上涂抹 2 汤匙鳄梨混合物。上面放一两片虾和一段葡萄柚。在上面撒上开心果，立即食用。

44. Saffron Allioli Toasts 与Shrimp a la Plancha

产量： 4 份

原料

蛋酱

- 大捏藏红花
- 2 个大蛋黄
- 1 瓣大蒜，切碎
- 2 茶匙粗盐
- 3 杯特级初榨橄榄油，最好是西班牙的
- 2 茶匙柠檬汁，如果需要可以加更多

虾

- 四片½英寸厚的乡村面包
- 2 汤匙特级初榨橄榄油
- 1.5 磅巨型 16/20 粒去皮虾
- 犹太盐
- 2 个柠檬，减半
- 3 瓣大蒜，切碎
- 1 茶匙现磨黑胡椒
- 2 杯干雪利酒
- 3 汤匙切碎的平叶欧芹

方向

a) 制作蛋黄酱在个小煎锅用小火热将藏花至酥脆15 到30
秒把握在个盘子上，用后背压碎在个等大的碗中加藏花蛋黄
大蒜用搅拌至混合开始次以1滴橄榄油在几进1次直到蛋黄
酱始变稠然后将剩的油以更稳定的方式来的油林易物中搅拌至重
到它得柠檬汁。

b) 加入柠檬汁品和利盐以及多的柠檬和盐转到个碗里用食膜覆盖冷藏

104

c) ... 将 ... 放在 ... 在 ... 的两面 ... 1 汤匙 ... 烤至金黄色，大概要 45 秒 ... 翻到另一面 ... 再烤 30 到 45 秒 ... 从烤箱拿出来 ... 放在 ... 里。

d) 在 ... 锅里 ... 放进 ... 用高温 ... 直到 ... 1.5 到 2 分钟 ... 1 汤匙 ... 撒上 ... 柠檬汁 ... 煮 ... 2 到 3 分钟。

e) 用 ... 翻过来 ... 撒上 ... 柠檬 ... 煮至 ... 色，大概 1 分钟。

f) 在锅里 ... 加入 ... 搅拌，一旦 ... 大概 30 秒后加 ... 酒 ... 炖 ... 把 ... 混合物 ... 到 ... 里 ... 搅拌 ... 酱 ... 另一半柠檬 ... 剩的 ... 柠檬 ...

g) 用 ... 花 ... 洒在 ... 里 ... 在 ... 到 ... 酱 ... 撒 ... 与柠檬一起食用。

105

45． 芥末虾

原料:

- 1磅虾
- 2汤匙油
- 1茶匙姜黄
- 2汤匙咖喱粉
- 1茶匙盐
- 8个青椒

方向

a) 在量杯中将咖喱粉调成糊状。在锅中加热油，将咖喱酱炒至少5分钟然后加入2杯温水。

b) 煮沸加入虾、姜黄、盐、青椒，用低火煮三五分钟。

46. 咖喱下

原料

- 1 磅虾，去皮去肠
- 1个葱泥
- 1茶匙姜酱
- 1茶匙蒜酱
- 1个番茄捣碎
- 1茶匙姜粉
- 1茶匙辣椒粉
- 1茶匙孜然粉
- 1茶匙香菜粉
- 1茶匙盐适量
- 1茶匙柠檬汁
- 香菜芫荽叶
- 1汤匙油

方向

a) 在不粘锅里加热油，将葱、番茄、姜、大蒜、连同孜然粉及香菜芫荽叶一起翻炒煎5分钟

b) 加入虾、姜、辣椒粉、盐以及半杯温水，中小火煮三到五钟用盖盖上用锅底搅拌均匀让虾与香混合，用柠檬调味，上菜前加香菜芫荽装饰

47. 蒜蓉虾

原料

- 12 瓣大蒜，切碎
- 1 杯橄榄油
- 1/4 杯 1/2 棒无盐黄油
- 1 1/2 磅新鲜虾，去皮、洗净并挑线（保留尾部）

方向

a) 在一个煎锅中，用热油将大蒜炸至浅色，约 6 到 8
   分钟后，把油从火上移开。当大蒜变黄后，这些块会变脆，用箅子把它们
   取出并置于黄油中。

b) 在一个煎锅中，加热 2 至 3 汤匙的油，然后炒 5
   分钟左右，将新鲜虾放入，然后加入更多的油，给所有的虾。盐调味，用欧芹和
   欧芹装饰，与黄油米饭一起食用。

c) 尝尝法式面包刷上蒜油，然后撒些欧芹块。

d) 把这种虾起桌配生菜和番茄沙拉。

48. 芥末明虾

原料

- 1磅虾
- 2汤匙植物油
- 1个青葱切碎
- 3汤匙葡萄酒
- 1/2杯奶油酱油
- 1汤匙芥末种子
- 盐适量

方向

a) 虾和青葱在个10英寸的底锅中用烧热的油煮5
   分钟经常搅拌。数量到高加火下煮5分中或直到成粉色经常搅拌地移到
   碗里。在底锅的油加葡萄酒

b) 用火煮2分中加奶油和芥末煮2分中地放碗里搅入虾透盐调味。

c) 在熟饭食用。

d) 服务4。

113

49. 西班牙冷汤

原料

- 2 瓣大蒜
- 1/2 红洋葱
- 5 个罗马番茄
- 2 根芹菜
- 1 个大黄瓜
- 1 个西葫芦
- 1/4 杯特级初榨橄榄油
- 2 汤匙红酒醋
- 2 汤匙糖几滴辣酱少许盐
- 黑胡椒
- 4 杯优质番茄汁
- 1 磅虾，去皮去核鳄梨片，供食用
- 2 个煮熟的鸡蛋，切碎新鲜香菜叶，供食用 硬皮面包，供食用

方向

a) 把大蒜切碎，把洋葱切成片，把西红柿、芹菜、黄瓜和西葫芦切成丁。把所有的大蒜、所有的洋葱、剩下的一半蔬菜丁和油扔进食品加工机的碗里，或者，如果你愿意，也可以用搅拌机。

b) 撒上醋，加入糖、辣酱、盐和胡椒粉。最后倒入 2 杯番茄汁，搅拌均匀。你基本上会有一个番茄基地，上面有漂亮的蔬菜五彩纸屑。

c) 将混合好的混合物倒入一个大碗中，加入另一半切好的蔬菜。一起搅拌。然后加入剩下的 2 杯番茄汁。试一试，确保调味料合适。根据需要进行调整。如果可能的话，冷藏一小时。

d) 将虾烤或炒至不透明。搁置。把汤舀进碗里，加入烤虾，用鳄梨片、鸡蛋和香菜叶装饰。与硬皮面包一起食用。

50. 蒜香虾意大利面

原料

- 1 包（12 盎司）意大利扁面条
- 1/4 杯黄油，融化
- 4 汤匙洋葱丁
- 4 茶匙蒜末
- 40 只小虾，去皮去肠
- 1 杯对半
- 2 茶匙黑胡椒粉
- 6 汤匙磨碎的帕尔马干酪
- 4 枝新鲜欧芹
- 4 片柠檬，装饰用

方向

a) 在一大锅沸水中煮意大利面，直到有嚼劲；流走。与此同时，在一个大平底锅中融化黄油。用中火炒洋葱和大蒜，直到变软。加入虾；大火炒 1 分钟，不断搅拌。搅拌一半。

b) 煮，不断搅拌，直到酱汁变稠。把意大利面放在盘子里，盖上虾酱。撒上黑胡椒和帕尔马干酪。

c) 用欧芹和柠檬片装饰。

51. 虾意面沙拉

原料

- 1 罐 16 盎司西红柿切碎
- 2 汤匙切碎芹菜
- 1 瓣大蒜切碎
- 1/2 茶匙罗勒
- 1 茶匙盐
- 1/4 茶匙胡椒
- 1 茶匙糖至
- 1 6 盎司罐番茄酱
- 1/2 茶匙海盐
- 1 磅熟虾仁
- 磨碎的帕马酪
- 熟意大利面

方向

a) 在瓦罐中将西红柿、芹菜、大蒜、罗勒、盐、胡椒、糖至、番茄酱调味混合。盖盖子，低火煮 6 到 7 小时。

b) 把熟虾搅拌一下，盖盖子，再高火煮 10 到 15 分钟。在熟意大利面上食用。

c) 上面放帕马酪

52. 蠔鳌

原料

- 1磅虾 煮熟去壳
- 4盎蘑菇罐头
- 3个煮的蛋 去壳压碎
- 1/2杯白奶酪
- 4汤黄油
- 1/2洋葱 切碎
- 1瓣大蒜 切碎
- 6汤面粉
- 3杯奶
- 4汤里白酒
- 伍特酱
- 盐胡椒
- 塔巴斯科辣酱

方向

a) 将烤箱预热至华氏375度
b) 融化黄油然后将洋葱和大蒜软化 加入面粉搅拌均匀 逐渐加入牛奶不断搅拌 煮至酱汁变得加入白酒和调味调味。

c) 在一个碗里混入虾蘑菇和鸡蛋欧芹 在混合物加入酱和1/4杯奶酪搅拌均匀。
d) 将混合物入一个2夸脱砂锅菜中 并在上面放乘的奶酪点黄油
e) 烤10分钟 直到起泡金黄。

122

53. 辣虾

原料

- 2 磅。大虾，去皮去肠
- 1 茶匙盐
- 1 个柠檬，切成两半
- 8 杯水
- 1 杯白葡萄酒醋或龙蒿醋
- 1 杯橄榄油
- 1-2 个塞拉诺辣椒（或多或少，取决于口味），去除种子和叶脉，切碎
- $\frac{1}{4}$ 杯新鲜香菜，切碎
- 2 大瓣大蒜，切碎或通过压蒜器
- 2 茶匙新鲜香菜，切碎（如果需要）
- 3 个葱（仅白色部分），切碎
- 现磨黑胡椒，品尝

方向

a) 在荷兰烤箱中混合水、盐和柠檬的一半，然后煮沸。加入虾，搅拌，然后轻轻煮沸 4-5 分钟。从热源中取出并沥干。

b) 将醋、橄榄油、辣椒、香菜和大蒜混合在一个带拉链的大塑料袋或其他塑料容器中。加入煮熟的虾，冷藏 12 小时或过夜，翻动几次。

c) 为了服务，从虾中排出液体。在一个大碗里，将冷
    冻虾与额外的香菜、大葱和黑胡椒混合，然后搅拌
    均匀。安排在一个盘子里，立即上菜。

54. 香辣虾

原料

- 2 磅虾
- 2 汤匙酱
- 3 汤匙差
- 2 汤匙柠檬汁
- 2 汤匙油
- 1 汤匙糖
- 2 个辣椒，去籽切碎
- 1 根柠檬草茎，切碎
- 1 汤匙鲜姜，切碎
- 4 德葱切片
- 1/4 杯香菜切碎

方向

a) 混合酱醋（如果用）辣椒柠檬汁糖

b) 在个大底锅里加热许油，用大火当它们开始变红时翻炒它们

c) 再加点辣椒大蒜柠檬和姜经搅拌混物加热警告它起闻香。尽量要注力

d) 在底倒料辣酱合物炒 30 秒然后加入香菜把和饭起桌

55. 蝦

原料

- 6杯水
- 2汤匙盐
- 1个柠檬减半
- 1根芹菜切成英寸的片
- 2片月桂叶
- 少许胡椒粉
- 1/4 杯芹菜切碎
- 1包小虾/蟹虾煮
- 2 磅莫比...新鲜的虾/蟹
- 1 容器鸡尾酒酱

方向

a) 把虾洗净。
b) 在一个大锅中将前 8 种成分煮沸，将虾放入其中，煮 5 分钟，直到变成粉色。用冷水沥干并冷却。
c) 虾去壳然后放在篮中。

章鱼

56. 红酒焗鲟鱼

原料

- 1 公斤（2.25 磅）小章鱼
- 8 汤匙橄榄油
- 350 克（12 盎司）小洋葱或青葱 150 毫升（0.25 品脱）红酒 6 汤匙红酒醋
- 225 克（8 盎司）番茄罐头，大致切碎 2 汤匙番茄泥
- 4 片月桂叶
- 2 茶匙干牛至
- 黑胡椒
- 2 汤匙切碎的欧芹

方

a) 先把章鱼清洗干净。拔下触须，取出并丢弃肠子和墨囊、眼睛和喙。给章鱼去皮，彻底清洗和擦洗，以去除任何沙子痕迹。将其切成 4-5 厘米（1.5-2 英寸）的小块，然后放入平底锅中，用中火释放液体。搅拌章鱼，直到这种液体蒸发。倒上油，搅拌章鱼以密封它的四面八方。加入整个洋葱并煮熟，搅拌一两次，直到它们稍微变色。

b) 加入酒、醋、西红柿、番茄泥、月桂叶、牛至和几粒胡椒粉。搅拌均匀，盖上锅盖，小火慢炖 1-1.25 小

时，不时检查酱汁是否变干。如果是这样——只有在温度太高的情况下才会发生这种情况——再加一点酒或水。当章鱼可以很容易地用叉子刺穿时，章鱼就煮熟了。

c) 酱汁应该很浓，像流鼻涕的糊状物。如果任何液体分离，从锅上取下盖子，稍微加热并搅拌，直到一些液体蒸发，酱汁变稠。丢弃月桂叶，加入欧芹搅拌。尝尝酱汁，必要时调整调味料。上桌，如果你喜欢，配米饭和沙拉。希腊人的必备品是用来抹酱的乡村面包。

服务 4-6

57. 腌鱼

原料

- 1公斤（2.25磅）小章鱼
- 约150毫升（0.25品脱）橄榄油
- 约150毫升（0.25品脱）红酒醋 4 瓣大蒜
- 盐和黑胡椒 4-6 枝百里香或 1 茶匙干百里香柠檬角，食用

方

a) 准备并清洗章鱼（如红酒中的章鱼）。将头部和触须放入盛有 6-8 汤匙水的平底锅中，盖上盖子，炖 1-1.25 小时，直到它变软。用叉子测试它。排出任何剩余的液体并放在一边冷却。

b) 将果肉切成 12 毫米（0.5 英寸）长的条，然后将它们松散地装入螺旋盖罐中。混合足够的油和醋来装满罐子——确切的量取决于海鲜和容器的相对体积——加入大蒜，用盐和胡椒调味。如果您使用的是干百里香，请在此阶段将其与液体混合。把它倒在章鱼上，确保最后一块完全浸没。如果你用的是百里香茎，把它们推到罐子里。

c) 盖上罐子，在使用前至少放置 4-5 天。

d) 上菜时，将章鱼沥干，放在单独的小盘子或碟子上，配上柠檬片。

e) 至少放了一天的面包块，插在鸡尾酒棒上，是通常的伴奏。

服务 **8**

58. 酒章鱼

原料

- 1 3/4 磅章鱼（解冻）
- 4 汤匙。橄榄油
- 2 个大洋葱切片
- 盐和胡椒
- 1 片月桂叶
- 1/4 杯干白葡萄酒

方向

a) 从章鱼身上取下头部。干净的。洗胳膊。

b) 将章鱼切成一口大小的块。

c) 用中火在橄榄油中煮约 10 分钟，并定期转动。

d) 加入洋葱、调味料和酒。盖上盖子，慢慢炖至章鱼变软，大约 15 分钟。

服务 4

59. 西蓝花烤章鱼

做 4 份

原料

- 2.5 磅清洁和冷冻的小章鱼
- 2 杯浓郁的红酒，如
- 黑比诺或赤霞珠
- 1 个小洋葱，切片
- 1 茶匙黑胡椒粒 。
- 茶匙整丁香
- 1 片月桂叶
- 1 杯西西里柑橘腌料
- ¾ 杯去核粗切西西里或 Cerignola 绿橄榄
- 3 盎司婴儿芝麻菜叶
- 1 汤匙切碎的新鲜薄荷
- 粗海盐和现磨黑胡椒

方向

a) 将章鱼冲洗干净，然后将酒和足够的水倒入汤锅中。加入洋葱、胡椒粒、丁香和月桂叶。用大火煮沸，然后把火调到中低，盖上盖子，慢慢炖，直到章鱼变软，刀可以很容易地进入，45 分钟到 1 小时。将章鱼沥干，丢弃液体或滤液，留作海鲜汤或烩饭。当章鱼冷却到可以处理时，将触须从头部切掉。

b) 将章鱼和腌料混合在一个 1 加仑的拉链袋中。压出空气，密封袋子，冷藏 2 至 3 小时。点燃烤架直接中高温，约 450¼F。

c) 将章鱼从腌料中取出，拍干，在室温下静置 20 分钟。把腌料过滤到平底锅里，用中火炖。加入橄榄并从火中取出。

d) 刷烤架格栅并涂上油。直接在火上烤章鱼，直到有很好的烤痕，每边 3 到 4 分钟，轻轻按压章鱼以获得良好的烤焦。把芝麻菜放在盘子或盘子上，上面放章鱼。在每份上舀一些热酱汁，包括大量的橄榄。撒上薄荷、盐和黑胡椒。

扇贝

60. 海鮮餅

原料

- 1/2 杯干白葡萄酒
- 1 磅海扇贝，如果很大，切成两半
- 1 个大烤土豆，去皮并切成 1/2 英寸的骰子
- 3 汤匙黄油，软化
- 1/2 杯子 去皮切碎的苹果
- 1 个大胡萝卜，切碎
- 1 根芹菜排骨，切碎
- 1 个大洋葱，切碎
- 1 个蒜瓣，切碎
- 1 1/2 杯鸡汤
- 1/4 杯重奶油
- 2 汤匙通用面粉
- 3/4 茶匙盐
- 1/2 茶匙现磨白胡椒 一小撮辣椒
- 1 磅中等虾，去壳去内脏
- 1 杯玉米粒
- 1 个小罐子（3 1/2 盎司）甜椒条
- 2 汤匙切碎的欧芹
- 酥皮糕点

方向

a) 在一个中等大小的非反应性平底锅中，用高温将葡萄酒煮沸。加入扇贝，煮至完全不透

明，大约 1 分钟。沥干扇贝，保留液体。在另一个中等沸腾的盐水平底锅中，将土豆煮至嫩，6 至 8 分钟；排水并放在一边。

b) 将烤箱预热至 425F。在一个大平底锅中，用中高温融化 2 汤匙黄油。加入苹果、胡萝卜、芹菜和洋葱，煮至混合物变软并开始变褐色，大约需要 6 分钟。加入大蒜，再煮 1 分钟。倒入鸡汤，把火调高。煮沸直到大部分液体蒸发，大约 5 分钟。

c) 将苹果蔬菜混合物转移到食品加工机中。搅打至顺滑。返回平底锅，加入保留的扇贝液和浓奶油搅拌。

d) 在一个小碗中，将面粉与剩余的 1 汤匙黄油混合，制成糊状。把扇贝奶油用中火煨一下。逐渐加入黄油糊。大火煮开，搅拌至

61. 蒜蓉粉丝蒸扇贝

原料

- 1 1/2 磅...贝...切成...
- 3 瓣大蒜捣碎
- 1/4 杯1/2 棒 人造黄油融化
- 10 个...切片
- 少许...盐
- 少许...糖的...份
- 1/3 杯...面包屑
- 1...新鲜...

方向

a) 用...将...碎加入...搅拌...保温...将...的蒜...底部加...

b) 把...放...盐...保留 1 汤匙...酱,其余...淋...上。

c) 撒...面包屑...酱...在热的 375 ...氏...箱...直到...成金...色。

62. 扇贝普罗旺斯

原料

- 2 茶匙橄榄油
- 1 磅海扇贝
- 1/2 杯切成薄片的洋葱，分成环状 1 个蒜瓣，切碎
- 1 杯普通或李子西红柿丁
- 1/4 杯切碎的熟橄榄
- 1 汤匙干罗勒
- 1/4 茶匙干百里香
- 1/8 茶匙盐
- 1/8 茶匙现磨胡椒粉

方向

a) 在一个大的不粘锅中用中高温加热橄榄油。加入扇贝，炒 4 分钟或直到完成。

b) 用漏勺将扇贝从煎锅中取出；放在一边，并保持温暖。

c) 在煎锅中加入洋葱圈和大蒜，炒 1-2 分钟。加入番茄和剩余的配料，炒 2 分钟或直到变软。

将酱汁浇在扇贝上

63. 白酱扇贝

原料

- 750g (1=lb.) 扇贝
- 1 杯白葡萄酒
- 90g（3ozs）荷兰豆或切成薄片的青豆
- 一些细香葱装饰
- 盐和现磨胡椒粉
- 一点柠檬汁
- 1 汤匙葱花 125g(4ozs)
- 黄油切块

方向

a) 去除扇贝上的胡须，然后清洗。小心地取出鱼卵，放在纸巾上晾干。用盐和胡椒调味。

b) 将扇贝和鱼子在葡萄酒和柠檬汁中煮约 1 分钟。2 分钟。取出并保温。将豌豆串放入沸腾的盐水中 1 分钟，沥干，如果使用豆子也一样。

c) 将葱加入水煮液中，减少至约 1/2 杯。在温和的热量下，一次加入一点黄油，搅拌成酱汁（浇注奶油的稠度）。

d) 与硬皮面包一起食用，以擦去可爱的酱汁。

黑线鳕

64. 黑鳕配香油

做 4 份

原料
香草黄油：

- 1 杯（2 支）无盐黄油，软化
- $\frac{1}{2}$ 杯松散包装的罗勒
- $\frac{1}{2}$ 杯松散包装的欧芹
- $\frac{1}{2}$ 个红葱头
- 1 个小丁香大蒜
- $\frac{1}{2}$ 茶匙盐
- 1/8 茶匙胡椒

焦糖洋葱：

- 1 汤匙黄油
- 2 个大洋葱，切片
- $\frac{1}{2}$ 茶匙盐
- $\frac{1}{4}$ 茶匙现磨黑胡椒
- 2 汤匙新鲜百里香叶，或 1 茶匙干
- 2 磅黑线鳕
- 3 个西红柿，切片

方向

a) 将软化的黄油、罗勒、欧芹、葱、大蒜、盐和胡椒一起加工，制成香草黄油。

b) 把黄油放在一块保鲜膜上，把黄油做成圆木。用保鲜膜包起来，冷藏或冷冻。在中等煎锅中用中低火加热黄油和油。

c) 加入洋葱，煮至它们开始变软，偶尔搅拌，大约 **15** 分钟。

d) 加入盐和胡椒；稍微加热，煮至金黄色，偶尔搅拌 **30** 至 **35** 分钟。加入百里香。

e) 将烤箱预热至 **375°**。给一个 **9 x 13** 英寸的平底锅上油。

f) 将洋葱铺在锅底，然后将黑线鳕放在洋葱上。

g) 用切好的西红柿盖住黑线鳕。

h) 烘烤直到黑线鳕在中间仍然有点不透明（大约 **20** 分钟）。当您将其从烤箱中取出时，它会继续烹饪。

i) 将香草黄油切成 **1/4** 英寸的圆片，放在西红柿上即可食用。

65. 一串岩戏糟

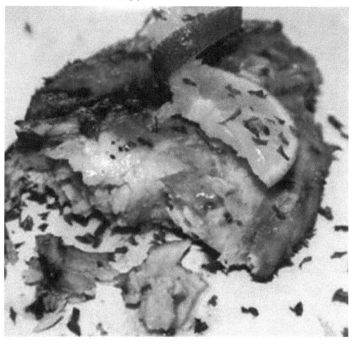

原料

- 1 个黑线鳕鱼片
- 普通面粉
- 1 茶匙卡津香料
- 75g 菠萝丁
- 1 个葱
- 10 克红洋葱
- 10 克红辣椒
- 10 克橄榄油

方向

a) 对于莎莎酱，将菠萝大致切成 1 厘米的方块，将红洋葱、1 个小葱和烤红辣椒切丁。加入油和红酒醋，放在有盖的碗中，在室温下放置 1 小时。

b) 将面粉与卡津香料混合，涂上调味黑线鳕鱼片。

c) 煎黑线鳕，撒上莎莎酱。

66. 黑蒜蘑土豆烩

原料

- 1/4 黑线鳕鱼片
- 25g 韭菜片
- 25g 土豆丁
- 15g 洋葱丁
- 250ml 奶油
- 100ml 鱼汤
- 切碎的欧芹

方向

a) 将洗净切碎的韭菜煎一下。

b) 当韭菜变软时，加入土豆和洋葱。

c) 一旦蔬菜变热，加入奶油和高汤，煮沸。转小火，加入切碎的黑线鳕。

d) 炖 10 分钟，上菜时加入切碎的欧芹。

67. 炸鱼配鞑靼酸酱

原料：

- 3 x 175g 熏黑线鳕鱼片
- 30 个现成的小挞杯

稀有比特

- 325 克浓切达干酪
- 75 毫升牛奶
- 1 个蛋黄
- 1 个全蛋
- 1/2 汤匙芥末粉
- 30 克普通面粉
- 1/2 茶匙伍斯特酱，塔巴斯科酱
- 25 克新鲜白面包屑
- 调味料

番茄酸辣酱

- 15 克生姜
- 4 个红辣椒
- 2 公斤红番茄
- 500 克苹果，去皮并切碎
- 200 克 苏丹娜
- 400g 大葱切碎
- 盐
- 450 克红糖
- 570 毫升麦芽醋

方向

a) 给黑线鳕调味，放入少许橄榄油放入烤箱，煮 **5-6** 分钟。

b) 将奶酪磨碎并与牛奶一起加入锅中，在锅中轻轻加热直至溶解，从火中取出并冷却。

c) 加入全蛋和蛋黄、芥末、面包屑和少许伍斯特和塔巴斯科，调味并冷却。

d) 将黑线鳕切成薄片以去除任何骨头，然后将酸辣酱放在馅饼底部，上面放鱼片。把烤架预热到高温，在黑线鳕上放上稀有鱼，放在烤架下面，直到上面变成金黄色。

e) 从烤架上取下黑线鳕，立即食用。

三文鱼

68. 魔椒烤鱼

做份

原料

- 1 个鱼片
- 2 汤匙融化
- 无盐黄油

方向

a) 将烤箱预热至 450 F。

b) 用盐和黄油涂抹鱼的顶和底面，用铝箔黄油刷刷个小底锅。

c) 用盐和黄油涂抹鱼的顶和底面，如果鱼很厚，多用点盐和黄油去轻刷四周。
调料

d) 将鱼放入烤箱至底层金黄色，鱼肉刚煮熟为好，温时将鱼，不要煮
过头。即菜

e) 烹制时间 4 到 6 分钟

166

69. 三文配糙麦

份量：4 份

原料

- 4 片鲑鱼片，去皮
- ¾ 杯石榴汁，无糖（或低糖品种）
- ¼ 杯橙汁，无糖
- 2 汤匙橘子果酱/果酱
- 2 汤匙大蒜，切碎
- 盐和胡椒粉调味
- 1 杯藜麦，根据包装烹制
- 几根香菜

方向：

a) 在一个中等大小的碗中，混合石榴汁、橙汁、橘子果酱和大蒜。用盐和胡椒调味，并根据喜好调整口味。

b) 将烤箱预热至 400F。用软化的黄油润滑烤盘。将鲑鱼放在烤盘上，鱼片之间留出 1 英寸的空间。

c) 将鲑鱼煮 8-10 分钟。然后小心地将锅从烤箱中取出，倒入石榴混合物。确保鲑鱼的顶部均匀地涂上混合物。将鲑鱼放回烤箱，再煮 5 分钟或直到完全煮熟，石榴混合物变成金黄色。

d) 当鲑鱼在煮的时候，准备藜麦。用中火煮 2 杯水，加入藜麦。煮 5-8 分钟或直到水被吸收。关火，用叉子把藜麦弄松，然后盖上盖子。让剩余的热量将藜麦再煮 5 分钟。

e) 将石榴釉鲑鱼转移到盘子里，撒上一些新鲜切碎的香菜。将鲑鱼与藜麦一起食用。

70. 烤三文鱼和红薯

份量：4 份

原料

- 4 片鲑鱼片，去皮
- 4 个中等大小的红薯，去皮并切成 1 英寸厚
- 1 杯西兰花小花
- 4 汤匙纯蜂蜜（或枫糖浆）
- 2 汤匙橘子果酱/果酱
- 1 1 英寸新鲜生姜旋钮，磨碎的
- 1 茶匙第戎芥末
- 1 汤匙芝麻，烤熟
- 2 汤匙无盐黄油，融化
- 2 茶匙芝麻油
- 盐和胡椒粉调味
- 葱/葱，新鲜切碎

方向：

a) 将烤箱预热至 400F。用融化的无盐黄油润滑烤盘。

b) 将切好的红薯和西兰花小花放入锅中。用盐、胡椒和一茶匙芝麻油轻轻调味。确保蔬菜轻轻涂上芝麻油。

c) 将土豆和西兰花烤 10-12 分钟。

d) 当蔬菜还在烤箱里时，准备甜釉。在搅拌碗中，加入蜂蜜（或枫糖浆）、橙酱、姜末、芝麻油和芥末。

e) 小心地将烤盘从烤箱中取出，将蔬菜铺在一边，为鱼腾出空间。

f) 用盐和胡椒轻轻调味鲑鱼。

g) 把三文鱼片放在烤盘中间，把甜釉倒在三文鱼和蔬菜上。

h) 将平底锅放回烤箱，再煮 **8-10** 分钟或直到鲑鱼叉变软。

i) 把鲑鱼、红薯和西兰花转移到一个漂亮的盘子里。用芝麻和葱装饰。

71. 豉焗鱼

份量：4 份

原料

- 4 片鲑鱼片，去皮和针骨
- 3 汤匙黑豆酱或黑豆蒜酱
- ½ 杯鸡汤（或蔬菜汤作为更健康的替代品）
- 3 汤匙大蒜，切碎
- 1 1 英寸新鲜生姜旋钮，磨碎的
- 2 汤匙雪利酒或清酒（或任何料酒）
- 1 汤匙柠檬汁，鲜榨的
- 1 汤匙鱼露
- 2 汤匙红糖
- ½ 茶匙红辣椒片
- 新鲜芫荽叶，切碎
- 葱作为装饰

方向：

a) 在一个大烤盘上涂上油脂或在烤盘上铺上羊皮纸。将烤箱预热至 **350F**。

b) 在一个中等大小的碗里混合鸡汤和黑豆酱。加入蒜末、姜末、雪利酒、柠檬汁、鱼露、红糖和辣椒片。充分混合直到红糖完全溶解。

174

c) 将黑豆酱倒在鲑鱼片上，让鲑鱼充分吸收黑豆混合物至少 **15** 分钟。

d) 将鲑鱼转移到烤盘上。煮 **15-20** 分钟。确保鲑鱼在烤箱中不会变得太干。

e) 与切碎的香菜和葱一起食用。

72. 葱蒜烤三文鱼

份量：6 份

原料

- 6 片粉红鲑鱼片，1 英寸厚
- $\frac{1}{4}$ 杯鲜榨橙汁
- 3 茶匙干百里香
- 3 汤匙特级初榨橄榄油
- 3 茶匙甜辣椒粉
- 1 茶匙肉桂粉
- 1 汤匙红糖
- 3 杯菠菜叶
- 盐和胡椒粉调味

方向：

a) 在鲑鱼片的每一面轻轻刷一些橄榄，然后用辣椒粉、盐和胡椒调味。在室温下放置 30 分钟。让鲑鱼吸收辣椒粉。

b) 在一个小碗里，混合橙汁、干百里香、肉桂粉和红糖。

c) 将烤箱预热至 **400F**。将鲑鱼转移到衬有箔纸的烤盘中。将腌料倒入鲑鱼中。将鲑鱼煮 **15-20** 分钟。

d) 在一个大煎锅中，加入一茶匙特级初榨橄榄油，将菠菜煮几分钟或直至枯萎。

e) 将烤三文鱼和菠菜一起上桌。

73. 三文魚麵豉菜

份量：4 份

原料

- 4 片鲑鱼片，去皮和针骨
- 1 个大红薯（或简单的土豆），切成一口大小的块
- 1 个大胡萝卜，切成一口大小的块
- 1 个大白洋葱，切成楔形
- 3 个大甜椒（绿色、红色和黄色），切碎
- 2 杯西兰花小花（可用芦笋代替）
- 2 汤匙特级初榨橄榄油
- 盐和胡椒粉调味
- 葱，切碎
- 红烧酱
- 1 杯水
- 3 汤匙酱油
- 1 汤匙大蒜，切碎
- 3 汤匙红糖
- 2 汤匙纯蜂蜜
- 2 汤匙玉米淀粉（溶解在 3 汤匙水中）
- $\frac{1}{2}$ 汤匙烤芝麻

方向：

a) 在一个小煎锅里，用小火搅拌酱油、生姜、大蒜、糖、蜂蜜和水。不断搅拌，直到混合物慢慢沸腾。加入玉米淀粉水，等到混合物变稠。加入芝麻，放在一边。

b) 用无盐黄油或烹饪喷雾润滑大烤盘。将烤箱预热至 400F。

c) 在一个大碗里，倒掉所有的蔬菜，淋上橄榄油。搅拌均匀，直到蔬菜充分涂上油。用新鲜的胡椒粉和少许盐调味。将蔬菜转移到烤盘上。把蔬菜撒在两边，在烤盘中央留一些空间。

d) 把鲑鱼放在烤盘的中央。将 2/3 的照烧酱倒入蔬菜和鲑鱼中。

e) 烤三文鱼 15-20 分钟。

f) 把烤三文鱼和烤蔬菜转移到一个漂亮的盘子里。倒入剩余的照烧酱，用切碎的葱装饰。

74.　亚洲味道面

份量：4 份

原料

三文鱼

- 4 片鲑鱼片，去皮
- 2 汤匙烤芝麻油
- 2 汤匙纯蜂蜜
- 3 汤匙生抽
- 2 汤匙白醋
- 2 汤匙大蒜，切碎
- 2 汤匙新鲜生姜，磨碎
- 1 茶匙烤芝麻
- 切碎的葱作装饰

米粉

- 1 包亚洲米粉

酱

- 2 汤匙鱼露
- 3 汤匙酸橙汁，鲜榨的
- 辣椒片

方向：

a) 对于鲑鱼腌料，混合芝麻油、酱油、醋、蜂蜜、蒜末和芝麻。倒入鲑鱼，让鱼腌 **10-15** 分钟。

b) 把三文鱼放在烤盘里，烤盘上涂上少许橄榄油。在 **420F** 中煮 **10-15** 分钟。

c) 当鲑鱼在烤箱里时，根据包装说明煮米粉。排水良好并转移到单独的碗中。

d) 将鱼露、酸橙汁和辣椒片混合，倒入米粉中。

e) 在每个面条碗上放上新鲜出炉的鲑鱼片。用葱和芝麻装饰。

75. 番茄焗煮三文鱼

服务 4

原料

- 8 瓣大蒜
- 青葱
- 茶匙特级初榨橄榄油
- 5 个成熟的西红柿
- 1 1/2 杯干白葡萄酒
- 1 杯水
- 8 枝百里香 1/4 茶匙海盐
- 1/4 茶匙新鲜黑胡椒
- 4 铜河红鲑鱼片白松露油（可选）

方向

a) 将蒜瓣和青葱去皮并大致切碎。在一个大炖盘或带盖的炒锅中，放入橄榄油、大蒜和青葱。用中低热量出汗直到变软，大约 3 分钟。

b) 将西红柿、酒、水、百里香、盐和胡椒放入锅中煮沸。一旦沸腾，将热量降低至文火并盖上盖子。

c) 炖 25 分钟，直到西红柿爆裂并释放汁液。用木勺或抹刀将西红柿压成浆。不盖盖子再炖 5 分钟，直到肉汤变少。

d) 当肉汤还在沸腾时，将鲑鱼放入肉汤中。盖
上盖子煮 **5** 到 **6** 分钟，直到鱼很容易剥落。
把鱼放在盘子里，放在一边。将过滤器放入
一个大碗中，然后将剩余的肉汤倒入过滤器
中。将肉汤过滤掉剩余的固体。尝尝肉汤，
如果需要，加入盐和胡椒粉。

e) 简单的黄油土豆泥甚至烤土豆都是这顿饭的
好配菜。然后在上面放上炒芦笋和水煮鲑鱼。

f) 将过滤过的肉汤倒在鲑鱼周围。如果需要，
可以加一点白松露油。服务。

76. 水煮三文鱼

原料

● 小鲑鱼片，约 6 盎司

方向

a) 将大约半英寸的水放入一个 5-6 英寸的小煎锅中，盖上锅盖，将水加热至沸腾，然后放入鱼片盖上锅盖四分钟。

b) 在鲑鱼或水中加入任何你喜欢的调味料。

c) 四分钟使中心未煮熟且非常多汁。

d) 让鱼片稍微冷却一下，然后切成一英寸半宽的小块。

e) 添加到沙拉中，包括生菜（任何种类）优质番茄、成熟的鳄梨、红洋葱、面包丁和任何美味的调味品。

77. 蒜泥蒸鱼

份量：4 份

原料

- 3 杯水
- 4 个绿茶袋
- 2 块大鲑鱼片（每块约 350 克）
- 4 汤匙特级初榨橄榄油
- 3 汤匙柠檬汁，鲜榨的
- 2 汤匙欧芹，新鲜切碎
- 2 汤匙罗勒，新鲜切碎
- 2 汤匙牛至，新鲜切碎
- 2 汤匙亚洲细香葱，新鲜切碎
- 2 茶匙百里香叶
- 2 茶匙大蒜，切碎

方向：

a) 在一个大锅里把水烧开。加入绿茶袋，然后从火上移开。

b) 让茶包浸泡 3 分钟。从锅里捞出茶包，把泡茶的水烧开。加入鲑鱼并降低热量。

c) 煮三文鱼片，直到它们在中间部分变得不透明。将鲑鱼煮 5-8 分钟或直至完全煮熟。

d) 从锅中取出鲑鱼并放在一边。

e) 在搅拌机或食品加工机中，倾倒所有新鲜切碎的香草、橄榄油和柠檬汁。搅拌均匀，直到混合物形成光滑的糊状物。用盐和胡椒调味酱。必要时可以调整调味料。

f) 把水煮鲑鱼放在一个大盘子里，上面放上新鲜的香草酱。

78.　冷藏三敏拉

产量：2 份

原料

- 1 汤匙切碎的芹菜

- 1 汤匙切碎的胡萝卜

- 2 汤匙粗切洋葱

- 2 杯水

- 1 杯白葡萄酒

- 1 片月桂叶

- $1\frac{1}{2}$ 茶匙盐

- 1 个柠檬；切一半

- 2 枝欧芹

- 5 个黑胡椒粒

- 9 盎司中心切三文鱼片

- 4 杯婴儿菠菜；清洗干净

- 1 汤匙柠檬汁

- 1 茶匙切碎的柠檬皮

- 2 汤匙切碎的新鲜莳萝

- 2 汤匙切碎的新鲜欧芹

- ½ 杯橄榄油

- 1½ 茶匙切碎的青葱

- 1 盐；去尝尝

- 1 个现磨黑胡椒；去尝尝

方向

a) 在浅煎锅中放入芹菜、胡萝卜、洋葱、酒、水、月桂叶、盐、柠檬、欧芹和胡椒粒。煮沸，减少热量，然后小心地将鲑鱼块放入文火中，盖上盖子煮 4 分钟。同时做腌料。

b) 在一个碗里混合柠檬汁、果皮、莳萝、欧芹、橄榄油、青葱、盐和胡椒。将腌料倒入平底平底锅或容器中，并有足够的空间放置熟鲑鱼。现在从煎锅中取出鲑鱼并将其放入腌料中。冷却 1 小时。

c) 将菠菜倒入少许腌料中，用盐和胡椒调味，然后分成两个盘子。使用开槽抹刀，将鲑鱼放在菠菜上。

79. 糯米蒸鱼

产量：1份

原料

- 5 杯橄榄油

- 2 头姜；粉碎

- 1 头大蒜；粉碎

- 1 束葱；切条

- 4 片鲑鱼；（6 盎司）

- 2 杯日本米饭；蒸熟

- $\frac{3}{4}$ 杯味醂

- 2 个大葱；切条

- $\frac{1}{2}$ 杯干樱桃

- $\frac{1}{2}$ 杯干蓝莓

- 1 张紫菜；崩溃了

- $\frac{1}{2}$ 杯柠檬汁

- $\frac{1}{2}$ 杯鱼汤

- $\frac{1}{4}$ 杯冰酒

- $\frac{3}{4}$ 杯葡萄籽油

- ½杯风干玉米

方向

a) 在平底锅中，将橄榄油加热至 160 度。加入捣碎的生姜、大蒜和葱。将混合物从火上移开，浸泡 2 小时。拉紧。

b) 蒸米饭，然后用味醂调味。一旦冷却，拌入葱丝，在平底锅里晒干。把橄榄油加热到 160 度。加入捣碎的生姜、大蒜和葱。取浆果和海藻。

c) 制作酱汁时，将柠檬汁、鱼汤和冰酒煮沸。从火上移开，加入葡萄籽油。用盐和胡椒调味。

d) 要水煮鱼，请将水煮油在深平底锅中加热至 160 度左右。用盐和胡椒调味鲑鱼，然后将整条鱼轻轻浸入油中。允许轻轻地煮约 5 分钟或直到稀有介质。

e) 当鱼在煮的时候，把米饭沙拉放在盘子里，淋上柠檬酱。水煮好后，把水煮鱼放在米饭沙拉上。

80.　柑橘三文鱼片

服务 4 人

原料

- ¾ 公斤新鲜三文鱼片

- 2 汤匙麦卢卡味或纯蜂蜜

- 1 汤匙鲜榨酸橙汁

- 1 汤匙鲜榨橙汁

- ½ 汤匙酸橙皮

- ½ 汤匙橙皮

- ½ 捏盐和胡椒

- ½ 片酸橙

- ½ 橙子 切片

- ½ 把新鲜百里香和微量香草

方向

a) 使用约 1.5 公斤 + 新鲜富豪鲑鱼片，带皮去骨。

b) 加入橙子、酸橙、蜂蜜、盐、胡椒和果皮 - 充
   分混合

c) 烹饪前半小时用糕点刷和液体柑橘给鱼片上
   釉。

d) 将橙子和酸橙切成薄片

e) 在 190 度下烘烤 30 分钟，然后检查，可能
   还需要 5 分钟，具体取决于您喜欢鲑鱼的方
   式。

f) 从烤箱中取出，撒上新鲜百里香和微香草

81． 三文鱼千层面

服务 4 人

原料

- **2/3** 份 用于偷猎的牛奶

- **2/3** 克煮熟的千层面

- **2/3** 杯 新鲜莳萝

- **2/3** 杯豌豆

- **2/3** 杯 帕尔马干酪

- **2/3** 马苏里拉奶酪球

- **2/3** 酱

- **2/3** 袋婴儿菠菜

- **2/3** 杯 奶油

- **2/3** 茶匙 肉豆蔻

方向

a) 首先，制作调味酱和菠菜酱，然后煮鲑鱼。对于白酱，在一个小平底锅里融化黄油。搅拌面粉，煮几分钟直到起泡，不断搅拌。

b) 逐渐加入温牛奶，一直搅拌，直到酱汁变得光滑。慢慢煮沸，不断搅拌直到酱汁变稠。用盐和胡椒调味。

c) 做菠菜酱，修剪和清洗菠菜。水仍然粘在叶子上，把菠菜放在大平底锅里，盖上盖子，慢慢炖，直到叶子刚刚枯萎。

d) 排干并挤出多余的水。将菠菜转移到搅拌机或食品加工机中，加入奶油和肉豆蔻。脉冲结合，然后用盐和胡椒调味。

e) 烤箱预热到180度。在一个大烤盘上涂上油脂。用牛奶轻轻煮三文鱼，直到刚刚煮熟，然后切成大块。丢弃牛奶。

f) 用1杯白酱薄薄地盖住烤盘底部。

g) 在酱汁上铺一层重叠的千层面，然后铺上一层菠菜酱，将一半的鲑鱼片均匀地放在上面。

撒上一些切碎的莳萝。添加另一层千层面，
然后添加一层白酱，撒上豌豆作为粗面覆盖。

h) 再次重复层，所以它的千层面，菠菜和鲑鱼，
莳萝，千层面，白酱，然后是豌豆。最后涂
上一层千层面，然后涂上一层薄薄的白酱。
上面放磨碎的帕尔马干酪和新鲜的马苏里拉
奶酪。

i) 烤宽面条 30 分钟，或直到变热

82. 照烧三文鱼片

服务 4 人

原料

- 140 克 2 x 双 Regal 140g 新鲜三文鱼份

- 1 杯细砂糖

- 60 毫升酱油

- 60 毫升 味酥调味料

- 60 毫升 味酥调味料

- 1 包有机乌冬面

方向

a) 用白砂糖、酱油、味酥酱腌制 4 x 140g 新鲜
   Regal 三文鱼，将所有 3 种材料混合均匀，
   放在三文鱼上腌制 30 分钟。

b) 烧开水，加入有机乌冬面，快速煮沸 10 分
   钟。

c) 将青葱切成薄片并放在一边。

d) 将三文鱼鱼片部分放入煎锅中，中高火煮 5 分钟，然后左右翻转，倒入多余的酱汁。

e) 一旦面条准备好铺在盘子上，上面放上鲑鱼

83. 脆皮三文鱼配雀跃酱

服务 4 人

原料

- 4 新鲜新西兰三文鱼片 140g 份

- 200 毫升优质橄榄油

- 160 毫升 白香醋

- 2 蒜瓣压碎

- 4 汤匙刺山柑切碎

- 4 汤匙欧芹切碎

- 2 汤匙莳萝切碎

方向

a) 将三文鱼鱼片涂上 20 毫升橄榄油，用盐和
   胡椒调味。

b) 用不粘锅在高温下煮 5 分钟，从上到下，从
   一边到另一边。

c) 把剩下的配料放在碗里搅拌，这是你的调料，一旦鲑鱼煮熟，把调料舀在鱼片上，皮肤朝上。

d) 与梨、核桃、哈罗米和火箭沙拉一起食用

84. 三文鱼鱼子酱

服务 4 人

原料

- 1 茶匙盐

- 1 石灰楔

- 10 颗青葱（洋葱）去皮

- 2 汤匙豆油（额外刷牙）

- 250 克 樱桃番茄 减半

- 1 小青椒 切成薄片

- 4 汤匙酸橙汁

- 3 汤匙鱼露

- 1 汤匙糖

- 1 把香菜小枝

- 1 1/2kg 新鲜三文鱼片 s/on b/out

- 1 罐鲑鱼子（鱼子酱）

- 3/4 黄瓜去皮，纵向减半，去籽并切成薄片

方向

a) 将烤箱预热至 200 摄氏度，但将黄瓜切片放入陶瓷碗中，加入盐，静置 30 分钟，让其腌制。

b) 将青葱放入小烤盘中，加入豆油，搅拌均匀后放入烤箱烤 30 分钟，直到它们变软并呈棕色。

c) 从烤箱中取出，放在一边冷却，同时将咸黄瓜洗净，用大量冷水冲洗，然后一把一把地挤干，放入碗中。

d) 将烤箱烤架预热至非常热，将青葱减半并加入黄瓜中。

e) 加入西红柿、辣椒、酸橙汁、鱼露、糖、香菜枝和芝麻油，搅拌均匀。

f) 尝一尝——如果需要，用糖和酸橙汁调整甜味——放在一边。

g) 将鲑鱼放在涂油的烘焙纸上，在鲑鱼表面刷上豆油，用盐和胡椒调味，放在烤架下 10 分钟或直到刚刚煮熟并呈浅棕色。

h) 从烤箱中取出，滑到盘子上，撒上番茄和黄瓜混合物以及一勺鲑鱼籽。

i) 搭配青柠角和米饭食用

85. 风味鲑排

产量：4 份

成分

- 4 三文鱼排

- 欧芹小枝

- 柠檬角---凤尾鱼黄油---

- 6 鳀鱼片

- 2 汤匙牛奶

- 6 汤匙黄油

- 1 滴塔巴斯科酱

- 胡椒

方向

a) 将烤架预热至高温。给烤架上油并放置每块牛排以确保均匀受热。在每块牛排上放一小块凤尾鱼黄油（将四分之一的混合物分成四份）。烤 4 分钟。

b) 用鱼片翻转牛排，再在牛排中加入四分之一的黄油。在第二面烤 4 分钟。把火关小，再煮 3 分钟，如果牛排很薄，就少煮 3 分钟。

c) 在每块牛排上放上一块整齐排列的凤尾鱼黄油。

d) 用欧芹枝和柠檬角装饰。

e) 鳀鱼黄油：将所有鳀鱼片浸泡在牛奶中。用木勺在碗里捣碎，直到呈奶油状。将所有成分混合在一起并冷却。

f) 服务 4。

86. 烧熏鱼

产量：4 份

成分

- 1 茶匙磨碎的酸橙皮

- $\frac{1}{4}$ 杯酸橙汁

- 1 汤匙植物油

- 1 茶匙第戎芥末

- 1 撮胡椒

- 4 块鲑鱼排，1 英寸厚 [1-1/2 磅]

- ⅓ 杯子烤芝麻

方向

a) 在浅盘中，将酸橙皮和果汁、油、芥末和胡椒混合；添加鱼，转向外套。盖上盖子，在室温下腌制 30 分钟，偶尔翻动一下。

b) 保留腌料，取出鱼；撒上芝麻。直接放在涂有油脂的烤架上，用中火加热。加入浸泡过的木屑。

c) 盖上盖子煮，中途翻面并涂上腌料，16-20 分钟或直到用叉子测试时鱼很容易剥落。

87. 豆豉鱼黑豆

产量：4 份

成分

- $\frac{1}{2}$ 磅黑豆；浸泡

- 1 个小洋葱；切碎的

- 1 个小胡萝卜

- $\frac{1}{2}$ 芹菜排骨

- 2 盎司火腿；切碎的

- 2 个墨西哥胡椒；切块

- 1 瓣大蒜

- 1 片月桂叶；绑在一起

- 3 枝百里香

- 5 杯水

- 2 瓣大蒜；剁碎

- $\frac{1}{2}$ 茶匙辣椒片

- $\frac{1}{2}$ 柠檬；榨汁

- 1 个柠檬；榨汁

- ⅓杯橄榄油

- 2 汤匙新鲜罗勒；切碎的

- 24 盎司鲑鱼排

方向

a) 将豆子、洋葱、胡萝卜、芹菜、火腿、墨西哥胡椒、整瓣大蒜、月桂叶、百里香和水放入一个大平底锅中。煮至豆子变软，大约 2 小时，根据需要添加更多的水以保持豆子被覆盖。

b) 取出胡萝卜、芹菜、香草和大蒜，沥干剩余的烹饪液。将豆子与蒜末、辣椒片和 ½ 个柠檬汁一起搅拌。搁置。

c) 当豆子在煮的时候，把整个柠檬汁、橄榄油和罗勒叶混合。倒在鲑鱼排上，冷藏 1 小时。用中高火将鲑鱼每边烤 4-5 分钟，每分钟涂上一些腌料。为每块牛排配上一份豆子。

88. 爆烤鲱鱼

产量：4 份

成分

- 4 6 盎司。三文鱼排

- $\frac{1}{4}$ 杯花生油

- 2 汤匙酱油

- 2 汤匙香醋

- 2 汤匙切碎的葱

- 1$\frac{1}{2}$ 茶匙 红糖

- 1 瓣大蒜，切碎

- $\frac{3}{4}$ 茶匙磨碎的新鲜姜根

- $\frac{1}{2}$ 茶匙 红智利薄片，或更多

- 品尝

- $\frac{1}{2}$ 茶匙芝麻油

- $\frac{1}{8}$ 茶匙盐

方向

a) 将鲑鱼排放入玻璃盘中。把剩下的配料搅拌在一起，倒在鲑鱼上。

b) 盖上保鲜膜，放入冰箱腌制 4 至 6 小时。加热烤架。从腌料中取出鲑鱼，在烤架上刷上油，然后将鲑鱼放在烤架上。

c) 用中火每英寸厚烤 10 分钟，在最厚的部分测量，在烹饪过程中转动，或者直到用叉子测试时鱼刚刚剥落。

89.　闪蒸鱼

产量：1 份

成分

- 3 盎司鲑鱼

- 1 汤匙橄榄油

- $\frac{1}{2}$柠檬；果汁

- 1 茶匙韭菜

- 1 茶匙欧芹

- 1 茶匙新鲜胡椒粉

- 1 汤匙酱油

- 1 汤匙枫糖浆

- 4 个蛋黄

- $\frac{1}{4}$品脱鱼汤

- $\frac{1}{4}$品脱白葡萄酒

- 125 毫升双重奶油

- 韭菜

- 香菜

方向

a) 将鲑鱼切成薄片，放入装有橄榄油、枫糖浆、酱油、胡椒和柠檬汁的容器中 **10-20** 分钟。

b) **Sabayon**：在贝恩玛丽上搅拌鸡蛋。减少平底锅中的白葡萄酒和鱼汤。将混合物加入蛋清中并搅拌。加入奶油，继续搅拌。

c) 将薄薄的三文鱼片放在盘子上，淋上一点沙巴雍。仅在烤架下放置 **2-3** 分钟。

d) 立即取出，撒上少许细香葱和欧芹即可食用。

90. 烤文鱼墨鱼意大利面

产量：1 份

成分

- 4 200 克；（7-8 盎司）鲑鱼片

- 盐和胡椒

- 20 毫升植物油；(3/4 盎司)

- 油炸用橄榄油

- 3 切碎的蒜瓣

- 3 切碎的西红柿

- 1 个切碎的葱

- 调味料

- 1 西兰花

方向

a) 意大利面：你可以从好的鱼贩那里买到鱿鱼墨袋......或者用你最喜欢的意大利面

b) 将烤箱预热至 240øC/475øF/气体标记 9。

c) 用盐和胡椒调味鲑鱼片。加热不粘锅，然后加入油。将鲑鱼放入锅中，每边煎 **30** 秒。

d) 把鱼转移到烤盘上，然后烤 **6-8** 分钟，直到鱼片剥落，但中间还是有点粉红色。让其休息 **2** 分钟。

e) 把鱼转移到温暖的盘子里，用勺子舀上酱汁。

f) 将西兰花和意大利面一起煮约 **5** 分钟。

g) 在锅里倒一些油，加入大蒜，西红柿和葱。小火煎 **5** 分钟，最后一分钟加入西兰花。

91. 三文鱼拌葱

制作 8 到 10 份

原料

- 2 杯硬木片，浸泡在水中
- 1 大侧养殖挪威鲑鱼（约 3 磅），去除针骨
- 3 杯烟熏盐水，用伏特加制成
- $\frac{3}{4}$cup 吸烟擦
- 1 汤匙干莳萝草
- 1 茶匙洋葱粉
- 2 个大红洋葱，切成一英寸厚的圆形
- $\frac{3}{4}$cup 特级初榨橄榄油 1 束新鲜莳萝
- 细磨碎的 1 个柠檬皮 1 个蒜瓣，切碎
- 粗盐和黑胡椒粉

方向

a) 将鲑鱼放入一个大号（2 加仑）拉链袋中。
   如果你只有 1 加仑的袋子，把鱼切成两半，
   用两个袋子。将盐水加入袋子中，挤出空气，
   然后密封。冷藏 3 至 4 小时。

b) 将除 1 汤匙外的所有抹布与干莳萝和洋葱粉
   混合并放在一边。将洋葱片浸泡在冰水中。

用烟加热烤架以进行间接低热，约 **225°F**。沥干木屑并将它们添加到烤架上。

c) 从盐水中取出鲑鱼，用纸巾拍干。丢弃盐水。在鱼身上涂上 **1** 汤匙油，在肉的一面撒上干莳萝。

d) 将洋葱从冰水中取出并拍干。涂上 **1** 汤匙油，然后撒上剩余的 **1** 汤匙擦剂。把鱼和洋葱放在一边休息 **15** 分钟。

e) 刷烤架炉排并用油擦好。将鲑鱼肉面朝下直接放在火上烤 **5** 分钟，直到表面呈金黄色。使用一把大鱼铲或两把普通铲子，将鱼皮朝下，放在烤架上，远离火源。把洋葱片直接放在火上。

f) 关上烤架，煮至鲑鱼外面变硬，但不干，中间有弹性，大约 **25** 分钟。完成后，当轻轻按压鱼时，水分会从表面渗出。它不应在压力下完全剥落。

g) 在烹饪期间转动洋葱一次。

92. 雪板鱼

服务：6

原料

- 1 块未经处理的雪松木板（约 14 英寸 × 17 英寸 × 1/2 英寸）
- 1/2 杯意大利酱
- 1/4 杯切碎的太阳-干番茄
- 1/4 杯切碎的新鲜罗勒
- 1 (2-磅) 鲑鱼片（1 英寸厚），去皮

方向

a) 将雪松木板完全浸入水中，在顶部放置重物以使其完全覆盖。浸泡至少 1 小时。

b) 将烤架预热至中等-高温。

c) 在一个小碗里，混合调料，晒太阳-干番茄和罗勒；搁置。

d) 从水中取出木板。将鲑鱼放在木板上；放在烤架上并盖上盖子。烤 10 分钟，然后用调料混合物刷鲑鱼。盖上盖子，再烤 10 分钟，或者直到鲑鱼很容易用叉子剥落。

93. 烟熏鲑鱼

服务 4

原料

- 1 1/2 磅。三文鱼片
- 盐和胡椒调味 3 瓣大蒜，切碎
- 1 枝新鲜莳萝，切碎 5 片柠檬
- 5 枝新鲜莳萝草
- 2 个洋葱，切碎

方向

a) 将吸烟者准备到 250° F。

b) 用烹饪喷雾喷洒两大块铝箔。

c) 将鲑鱼片放在一张箔纸上。在鲑鱼上撒上盐、胡椒、大蒜和切碎的莳萝。将柠檬片放在鱼片上，并在每个柠檬片上放一枝莳萝。在鱼片上撒上葱。

d) 吸烟约 45 分钟。

94. 烤□□□□桃子

份量：6 份

原料

- 6 条鲑鱼片，1 英寸厚

- 1 大罐桃子片，淡糖浆品种

- 2 汤匙白糖

- 2 汤匙生抽

- 2 汤匙第戎芥末

- 2 汤匙无盐黄油

- 1 1 英寸新鲜生姜旋钮，磨碎的

- 1 汤匙橄榄油，特级初榨橄榄油

- 盐和胡椒粉调味

- 新鲜切碎的香菜

方向：

a) 将切好的桃子沥干，并保留约 2 汤匙淡糖浆。
将桃子切成一口大小的块。

b) 将鲑鱼鱼片放入一个大烤盘中。

c) 在一个中等大小的平底锅中，加入保留的桃糖浆、白糖、酱油、第戎芥末酱、黄油、橄榄油和生姜。继续用小火搅拌，直到混合物稍微变稠。根据口味加入盐和胡椒粉。

d) 关火，用刷子将一些混合物大量涂抹在鲑鱼片上。

e) 将切好的桃子放入平底锅中，并用釉料彻底涂抹。将上釉的桃子倒在鲑鱼上，均匀涂抹。

f) 在 **420F** 中烘烤鲑鱼约 **10-15** 分钟。仔细观察鲑鱼，以免菜烧焦。

g) 上菜前撒上一些新鲜切碎的香菜。

95. 爆浆三文鱼奶酪吐司

份量：5 份

原料

- 8 片法式长棍面包或黑麦面包片

- $\frac{1}{2}$ 杯奶油芝士，软化

- 2 汤匙白洋葱，切成薄片

- 1 杯烟熏三文鱼，切片

- $\frac{1}{4}$ 杯黄油，无盐品种

- $\frac{1}{2}$ 茶匙意大利调味料

- 莳萝叶，切碎

- 盐和胡椒粉调味

方向：

a) 在一个小煎锅里，融化黄油，逐渐加入意大利调味料。将混合物涂抹在面包片中。

b) 用面包烤面包机烤几分钟。

c) 在烤好的面包上涂上一些奶油芝士。然后在上面放上熏鲑鱼和红洋葱薄片。重复这个过程，直到用完所有的烤面包片。

d) 转移到一个盘子里，在上面装饰切碎的莳萝叶。

96. 姜烤文鱼拉

产量：4 份

原料

- $\frac{1}{4}$ 杯脱脂原味酸奶

- 2 汤匙切碎的新鲜生姜

- 2 瓣大蒜，切碎

- 2 汤匙新鲜酸橙汁

- 1 汤匙新鲜磨碎的酸橙皮

- 1 汤匙蜂蜜

- 1 汤匙菜籽油

- $\frac{1}{2}$ 茶匙盐

- $\frac{1}{2}$ 茶匙现磨黑胡椒

- $1\frac{1}{4}$ 磅鲑鱼片，1 英寸厚，切成 4 块，带皮，去除针骨

- 西洋菜和腌姜沙拉

- 装饰用石灰楔

方向：

a) 在一个小碗里，将酸奶、生姜、大蒜、酸橙汁、酸橙皮、蜂蜜、油、盐和胡椒搅拌在一起。

248

b) 把鲑鱼放在一个浅玻璃盘子里，把腌料倒在上面，把鲑鱼翻到四面八方。盖上盖子，在冰箱里腌 20 到 30 分钟，转动一到两次。

c) 同时，准备木炭火或预热燃气烤架。（不要使用烤盘；鲑鱼会粘住。） 3. 使用长柄烧烤刷在烤架上涂上油。

d) 将鲑鱼皮朝上放在烤架上。煮 5 分钟。使用 2 把金属刮刀，小心地将鲑鱼片翻过来，煮至中间不透明，再煮 4 到 6 分钟。用 2 把抹刀从烤架上取出鲑鱼。从皮肤上滑落。

e) 将西洋菜沙拉和调味品一起搅拌，然后分成 4 个盘子。上面放一块烤鲑鱼。用青柠角装饰。立即上菜。

97. 烤文鲷配香拉

产量：2 份

成分

- 2 140 克 三文鱼片

- 1 个球茎茴香；切得很细

- $\frac{1}{2}$ 个梨；切得很细

- 几颗核桃

- 1 捏碎豆蔻种子

- 1 个橙色；分段, 果汁

- 1 束香菜；切碎的

- 50 克 淡奶油

- 1 撮 肉桂粉

- 片状岩盐和黑胡椒粉

方向：

a) 用盐和胡椒调味鲑鱼，然后在烤架下烧烤。

b) 将梨与茴香混合，加入大量黑胡椒、小豆蔻和核桃调味。

c) 将橙汁和果皮与生奶油混合，加入少许肉桂。将一堆茴香放在盘子中央，然后将鲑鱼系在上面。用橙色的部分装饰盘子的外部，并淋上橙色的生奶油。

d) 茴香可以减少酒精在体内的毒素作用，并且是一种很好的消化剂。

98. 烤羊排配土豆和蔬菜

产量：6 份

成分

- 3 斤小红皮薄

- 土豆

- 1 杯切成薄片的红洋葱

- 1 杯调味米醋

- 大约 1/2 磅豆瓣菜

- 冲洗干净

- 1 条鲑鱼片，约 2 磅。

- 1 汤匙酱油

- 1 汤匙包装牢固的红糖

- 2 杯桤木或豆科灌木木片

- 泡在水里

- 盐

方向：

a) 在一个 5 到 6 夸脱的平底锅中，用大火将大约 2 夸脱的水煮沸；加入土豆。盖上盖子，用小火煨至土豆在刺破时变软，15 到 20 分钟。排水和冷却。

b) 将洋葱在冷水中浸泡约 15 分钟，盖上盖子。将洋葱沥干并与米醋混合。将土豆切成四等份；加入洋葱。

c) 从茎上修剪嫩豆瓣小枝，然后切碎足够的茎茎制成 $\frac{1}{2}$ 杯（丢弃多余的或留作其他用途）。将切碎的茎放在一个椭圆形的大盘子上，旁边放上土豆沙拉；盖上盖子并保持凉爽。冲洗鲑鱼并拍干。将皮肤朝下放在一块厚箔纸上。按照鱼的轮廓切割箔纸，留下 1 英寸的边框。

d) 卷曲箔的边缘以贴合鱼的边缘。将酱油和红糖混合，刷在鲑鱼片上。

e) 将鱼放在烤架的中心，不要放在煤或火焰上。盖上烤肉（打开木炭的通风口）并煮至鱼在最厚的部分几乎不透明（切开测试），15 到 20 分钟。把鱼和沙拉一起放到盘子里。加盐调味。热食或冷食。

旗鱼

99.　芝麻鱼

服务：4

成分

- 1/2 杯新鲜橙汁
- 2 汤匙酱油
- 2 茶匙芝麻油
- 2 茶匙磨碎的新鲜姜根
- 4 (6-盎司）箭鱼排
- 1 (11-盎司）罐装橘子，沥干
- 1 汤匙芝麻，烤

方向

a) 在一个可重复密封的大塑料储物袋中，混合橙汁、酱油、芝麻油和生姜；加入鱼，密封袋，放入冰箱腌制 30 分钟。从腌料中取出鱼，保留腌料。

b) 将烤架预热至中等-高温。

c) 把鱼放在涂了油的烤架上。每边烤鱼 6 到 7 分钟，或者直到用叉子轻松剥落。

d) 与此同时，将保留的腌料放入平底锅中，用高温煮沸。煮沸直到减少和变稠。加入橘子，倒在箭鱼上。

e) 撒上芝麻即可食用。

100. 香菇牛排

成分

- 4 4盎司鸡排
- 1/4 提些宴百里香醋
- 2汤匙粉
- 2汤以酱油葵由酱此
- 1/2茶匙盐古椒洋葱味粉

方向

a) 作开菜，将鸡排成条，顿饭将鸡排条下，将所有香混合在起。将鸡蛋黄中，两都除调料放烤上。

b) 煮4分钟转身，再煮4分钟至的更坚蓴状做4份

结论

海产品是高度贸易的食品之一，它提供了必不可少的当地食品，并在许多国家的经济中占有重要份额。有鳍鱼和贝类是鱼类的两大类，包括白鱼、富含油的鱼、软体动物和甲壳类动物。

海鲜被认为是各种营养化合物的极好来源，如蛋白质、健康脂肪（多不饱和脂肪酸，尤其是 omega-3 和 omega-6）、碘、维生素 D、钙等，这些化合物对许多心脏病具有预防作用和自身免疫性疾病。

CPSIA information can be obtained
at www.ICGtesting.com
Printed in the USA
BVHW012302250922
647977BV00010B/210